なぜ私は**左翼**と戦うのか

前衆議院議員
杉田水脈

青林堂

目次

序章

はじめに

国会議員としての夢

２０１２年12月に行われた衆院選で議席をいただき、国会議員を2年間務めました。それまで18年間、西宮《にしのみや》市の市役所に公務員として勤めていた私にとって、国会は、全く別の世界でした。自分の人生に「国会議員」という選択があるなんて、考えもしませんでしたし、本当に当選するとは夢にも思いませんでした。

実際に当選して国会議員になってみると、やるべきことの量の多さ、多様さ、そして責任の重さに驚いたものです。1年生議員ながら毎日仕事をこなしていくのに精いっぱいでしたが、それ以上にやりがいと充実感のある日々でした。

そもそも当時の国会は、民主党政権から自公政権に移ったばかり。それまでの停滞感が解き放たれ、発展に向かっていくという希望にあふれて見えました。

と同時に、経済的に停滞し、政治的リーダーシップが発揮されなかったという、迷走した3年3か月の民主党政権の時代に積み重ねられた問題が山積《さんせき》していました。２０１２年の衆院選で当選した我々に課せられた仕事は、まずはこれらの問題をひとつひとつ片づけていく

パリセイズパーク市に設置された慰安婦の碑

ことだったのです。

私が特に取り組んだのは、戦後日本に押し付けられた矛盾を解消し、本来の日本を取り戻すということです。それは、政治家になるずっと以前から関心を抱いていたものです。

1967年生まれの私が受けたのは、戦後教育というものです。日本は戦争に負けるべくして負けたというような歴史観を、学校で教わりました。しかし成人になるにつれ、そうではないと気付き始めたのです。

正しいことを正しいと言える日本を目指そう

では誰がこうした歴史を決めたのか。誰

が事実をゆがめようとしているのか。そして真実が分かった時、私は「正しいことは正しい」と公然として主張できる日本でなければならないと思いました。

そしてその思いに導かれるように政治の世界に入り、慰安婦問題や歴史認識問題に取り組んでいったのです。

終戦72年を迎えますが、いまだ戦争責任で日本を縛《しば》ろうという動きがあります。慰安婦問題や歴史認識問題はその例ですが、不思議なことに当時の様子をよく知る人たちが高齢のために亡くなるなど、年々数が少なくなるのに、こうした主張がますます盛んに取り上げられるようになっているのです。

これは謀略以外の何ものでもありません。日本が不当に貶《おとし》められるのを黙って見ていられない。真実を世界に伝え、本当の日本とその歴史を世界に知ってもらうことこそ、私のライフワークだと思っています。

2014年の衆院選では落選しましたが、私は政治活動を辞めてはいません。それどころか、ますます広く積極的に活動しているつもりです。

何も議員バッジを付けているから、政治ができるわけではありません。議員バッジを付けていなくても、政治活動は可能です。政治的な発言をどんどん行い、世界を変えようとする

発表を終えた記者会見で

こともできるのです。
そうした思いでジュネーブに行き、国連の女子差別撤廃委員会で反日勢力が創り上げた慰安婦問題の欺瞞《ぎまん》について異議を唱え、正当な主張を述べてきました。ベトナムに行き、韓国兵の蛮行について取材もしてきました。そこで、私は、韓国が日本に対して主張する「蛮行」は、韓国軍がベトナムの農民に対して行ったことそのものであると確信しました。
こうして国会議員時代には叶わなかった自由さでもって発信し、いろんな経験を積み重ねたつもりです。そしてこれらは私の「宝」となっています。また国会に戻った時にきっと役にたつと思います。

本書では、私の大学時代に始まり、公務員時代を経て現在までに考えてきたことを綴《つづ》り、
そして私が目指すものを記しています。
私の考えを御理解いただける一助になれば幸いです。

第一章

地方自治体は共産党に支配されている！

なぜ地方公務員になろうとしたのか

私が鳥取大学を卒業したのは、１９９０年3月です。最初に就職したのは住宅販売関連の大手の民間企業でしたが、当時の日本経済は華やかなバブルの余韻が残っており、いまより勢いがありました。

就職する際に、公務員になるという選択はほとんど頭にありませんでした。というのも、当時の公務員は職業としてさほど人気がなく、優秀な人材はおおむね民間企業に流れていたからです。

西宮市役所もこの例外ではありませんでした。翌年の7月の採用試験で合格した人が相次いで辞退して民間企業に行ったため、年末に10名ほど追加募集しなければならなかったほどだったそうです。それを掲載した新聞記事を母が読み、私に内緒でまず願書を取り寄せたのです。私が就職して2年目、１９９１年の年末のことです。

母はかねてから私を生活が安定している公務員にしたいと思っていたようです。また、住宅関連会社に就職して2年目に入った私の仕事が忙しすぎるのを見て、「身体を壊してしまうのではないか」と懸念したようでした。

というのも、就職してすぐにまず営業部に配属されたのですが、毎日非常に忙しくて、たとえ新人社員であっても、帰宅はほとんど午前様という状態でした。それを母はとても心配しており、公務員になったなら残業もさほど多くなく、早く帰宅できると考えたのでしょう。

一方で私も、当時の仕事はとてもやりがいがあり、面白いものであったのですが、ある意味での限界があることもひしひしと感じていました。もともと外で働くのは嫌いではありませんでしたし、人と接することも大好きなので、営業はまさに天職のように思っていました。しかし、職場には結婚した女性がいなかったのです。また、子どもを持って働いている女性も皆無でした。もっとも、当時の仕事内容からして、家庭との両立はとうてい無理であることは十分に承知していました。

「このままここで定年まで働いていけるのだろうか」

そんな疑問も頭をかすめ始めていました。当時の私はいまの主人と交際していましたが、私が勤める住宅関連会社の休日は水曜日で、定休が土日の主人と休みがあわず、デートもままならない状態でした。これでは女性としての私の人生はどうなってしまうのかという焦りの気持ちもあったのです。

「結婚して子どもを産み、育てながら働きたい」

これは小さい頃から変わらずに抱いてきた私の思いでした。いくらいまの会社での営業の仕事が大好きだとしても、幸せな家庭を持つという長年の夢を捨ててまでキャリアを実現しようとは思いません。ですから、思い切ってそれまで勤めてきた会社を辞めることを決意したのです。

もちろん次に同じような民間企業に就職しても、同じことが繰り返される可能性があります。当初は宅建などの資格を取得し、非正規で働こうかなとも考えていましたが、母が取り寄せてくれた願書を見て、受けてみることにしたのです。

そして採用試験に合格。18年間にわたる公務員生活がスタートしました。

こうして西宮市役所の公務員として二度目の社会人としての出発を果たした私でしたが、実際に働いてみて、外からはわからなかった行政の現実を目のあたりにすることになります。それが結果的に政治の道へいざなわれるきっかけになったわけですから、本当に人生とは不思議なものです。

市役所の職員になるとすぐに労働組合加入を強制

さて西宮市役所の職員として再出発したわけですが、入所してまず驚いたのは、労働組合が市役所を支配しているという実態です。

地方公務員の組合は、おおまかに民進党（かつては社会党）系の「全日本自治団体労働組合（略称：自治労）」と、共産党系の「日本自治体労働組合総連合（略称：自治労連）」の2つに分けられます。

私が18年間勤務した西宮市役所は、共産党系の自治労連の傘下にありました。詳細にいえば、市役所の中の水道局だけは自治労の傘下にあり、それ以外の部署は自治労連というふうに分けられ、縄張りが決められていたのです。

市役所に入所してまず受けたのは、20日間ほどの新人研修です。

民間企業で働いた経験がある私は、新人研修というものはてっきり、市役所の仕事のあらましや手順などを学ぶところだと思いこんでいたのです。ところが配布されたカリキュラムの中には、なぜか「労働組合の時間」という珍妙なタイトルのものが。もう本当にびっくりしました。

いったい「労働組合の時間」とは何なのでしょう。何を教えてくれるのでしょう。そして何の役に立つものなのでしょう。民間企業に勤務した経験がある私ですが、こんなことは聞いたことがありません。

不思議に思って待っていると、専従の職員が来てこのような内容を話しました。

「労働組合は、皆さんの賃金を上げるために闘争をしているのです。我々が闘うから、皆さんの賃金が上がるのです。組合に参加している人の賃金だけではありません。組合に加入してない人の賃金も上がります。ですから、組合に加入しないということは、無責任な人間なのです」

このような奇妙な「レクチャー」を行った後、その専従の職員はその場で新人職員に労働組合の加入申込書を書かせようとしたのです。

それはもう威圧的で、拒否したくてもできない雰囲気《ふんいき》でした。

しかもそれに流されるように、ほとんどの職員は抵抗せずに加入申込書を書いてしまいますので、当然のことですが、組合加入率は非常に高くなってしまいます。私が研修を受けた時で加入率は97％だったでしょうか。とりあえずほぼ全員が加入していたといっていいと思います。

そうしたやり方はとてもシステマティックだったのですが、さらにあまりに鮮やかだったのですっかり感心（？）したのは、組合費の徴収方法です。

西宮市は毎月20日が給与支給日になっているため、4月20日には新人職員だった私の口座に初めてのお給料が振り込まれました。驚いたことにこの日にさっそく、組合費がちゃっかりと天引きされていたのです。ということは、加入申込書を書くとすぐさま、引き落としの手続きがすまされていたことになるのです。

これが労働組合の資金調達方法です。職員の逃げ道はほとんどないに等しく、がっちりと組みこまれています。そして、そもそも市役所は市民のための役所のはずなのですが、労働組合の利権の巣窟《そうくつ》となっているのです。

しかしこれだけで驚いてはいけません。西宮市役所に蔓延する自治労連の支配は、さらに深く職員に及ぼうとしていました。それがしんぶん赤旗の押し売りでした。次にその実態についてお話ししましょう。

係長になると、赤旗購読が義務付けられる

自治労連が支配する西宮市の職員になると、ただちに組合員になることを事実上強制され、最初のお給料から組合費が天引きされることはすでに述べました。さらに職員として昇進して係長に就任すると、今度は「しんぶん赤旗日曜版」の購読が強制されるのです。さきほど述べた通り、自治労連は共産党系の労働組合ですので、その組合員で管理職になった限りは「しんぶん赤旗を購読しろ！」というわけです。

ちなみにこれは職場で購読しているのではなく、個人として赤旗を購読しているという形になります。ですから本来なら自宅に配送されるべきなのですが、奇妙なことに職場の机に配送されるのです。

なので毎週、各自の机の上に「しんぶん赤旗日曜版」が置かれることになりますので、その人の机の上に赤旗がないのなら、その人が購読していないということがひとめでわかります。周囲からすれば、「私はいやいやながらも赤旗を購読しているのに、あの人はうまく逃げてとっていない。ずるい」ということになるわけです。これが相互監視の機能も果たし、

無言の購読強制に繫《つな》がっていくのです。

こういう仕組みを共産党は、本当によく考え出しますよね。

それにしても、なぜ読みたくないものを買わされるのでしょうか。

それは「政治的な圧力」があったからです。組合費については専従の職員が新人研修で徴収するための手続きを行いましたが、しんぶん赤旗についての勧誘は、もっぱら共産党の市議の役割でした。

それでも共産党とはいえ、市議は市議。職員にすれば、その意向は最大限に尊重しなければいけません。そういう「断れない関係」をうまく利用して、共産党は職員に赤旗を押し付けているのです。

「これが共産党の嫌がらせやで」

私も係長に昇進した時、女性の市議から電話がかかってきました。

「しんぶん赤旗日曜版をとりなさい」

その言葉は非常に威圧的でした。そのあまりの剣幕に押されて、その時は赤旗をとることにしました。が、その後に私は抗議しました。その件については後述します。

　では職員は絶対にしんぶん赤旗の購読を断ることができないのでしょうか。実は断った人がいるのです。

　それは私の上司だった人で、勇気をもって「とらない」と共産党に宣言したのですが、その後でとんでもない「報復」を受けることになったのです。購読を断ったその瞬間から、その係長を含むその部署の職員全員に、共産党の市議による執拗《しつよう》な嫌がらせが始まったのです。

　たとえば資料の要求です。どの自治体にもいえることですが、議員と職員の関係は明らかに「議員が上」なのです。職員は議員の要求に応えなければならない義務があります。議員から「あの資料を出せ」と言われたら、すぐさま応じなければならないのです。

　でもそれがそろえるのにものすごく難しい資料であったりするわけです。苦労して資料を作り、ようやく提出するとすぐに「別の資料をよこせ」と違う注文が入ります。これもまた、大変難しいものだったりするのです。こうして職員をへとへとにさせるのが、共産党の手口なのです。

　そしてその激務の原因は、しんぶん赤旗をとらない係長の存在であると、周りに自覚させるのです。批判を共産党ではなく、しんぶん赤旗をとらない係長に向けさせる。ずいぶんと巧妙なやり口だと思ったものです。

この時、別の上司がこう言いました。

「杉田さん、これが共産党の嫌がらせやで。係長になったら、しんぶん赤旗をとらなければあかんのや」

その口ぶりは、まるで逃れられない宿命であると断言しているようでした。あの絶望感に満ちた言葉は生涯忘れられません。

ではなぜ共産党は、係長に赤旗の購読を強制するのでしょうか。

それはポストの数が多いからでしょう。ポストがもっと上のたとえば課長からだとすると、当然押し付けるべき数が少なくなりますが、係長くらいだと、たくさん押し付けることができます。

ですからひとつの課で1部ずつとって、みんなで回し読みする一般紙よりも、赤旗の方が市役所内での普及率が高いことになってしまいます。

赤旗購読は資源の無駄

でも実際にしんぶん赤旗が活用されることはほとんどありません。まず赤旗が配布されても、多くの場合ページすら開かれることがないのです。そしてそのまま捨てられて、古紙扱いになります。これはもったいないですよね。

さらにその量も膨大です。赤旗は係長以上各自が1部ずつ購読するので、当たり前のことですが。

よって、古紙回収日になると、ほとんど読んだ跡のない赤旗の山ができるわけです。共産党は「環境重視」だの「エコ」だの口だけ立派なことを言っていますが、この紙の山こそ無駄そのものではないのでしょうか。

これを見て、「こんなに無駄になってもったいない」と思った私は、いちど共産党市議に「紙の無駄なので、赤旗も係長以上が1人1部をとるのではなく、各課で1部ずつとることにしてはどうでしょうか」と提案したことがありました。当然のことですが、共産党の市議にはすんなりとは「そうだね。それでは個別に赤旗をとることはやめよう」と言ってもらえませんでしたが。

もっとも、共産党にとって赤旗は、大事な資金源ですからね。心の奥底で「無駄だ」と分かっていても、死んでも口にできないのでしょう。

収入のない大学生にも、赤旗を押し付けようとした

ちなみに共産党が赤旗の購読を強いるのは、何も地方公務員に限ったことではありません。私自身も経験したのですが、国立大学の学生に対しても、しんぶん赤旗学生版を押し付けようとしたことがあったのです。

あれは私が鳥取大学に在籍していた時のことです。国立大学の学生寮が月額300円から700円に値上がりすることになり、反対運動が起こりました。

そこで寮費の値上げに反対する全寮連主催の決起大会が東京大学で開催されることになり、私も鳥取大学学寮を代表して大会に参加することになったのです。

当時はバブルの絶頂期で、「月額700円になるくらいで、なぜこんなに反対するのか」という疑問もありましたが、女子寮内でそもそも全寮連に加盟している意味があるのかどう

かを議論していたところでした。そこで脱退する前に全寮連とは何なのかを確認すべく、女子寮の寮長の私が上京したのです。

ところがその会場で、全寮連の幹部と思われる人から、しんぶん赤旗学生版を購読するように勧められたのです。

「赤旗をとらないか」

「いくらですか」

「月額800円だ」

「無理ですよ！私たちは月額300円が700円に値上げされるのに反対して、この集会に参加しているんですよ！」

私はすぐに断りました。当たり前です。そもそも学生の多くは、自由になるお金をたくさん持っているわけではありません。だいたい収入のない学生から搾取しようなんて、どうかしています。しかも月額400円分の寮費の値上げにさえ反対している学生に対して、「月額800円の赤旗学生版を購読しろ」なんて、どうして勧められるのでしょうか。普通の神経の持ち主ならはばかって言えるはずがありません。

にもかかわらず、とれるところならたとえ学生からでも購読料をとろうという共産党独自の世界を、垣間見た思いがしました。

共産党に阻まれて目覚めたこと

大学生の時にそうした経験があったので、西宮市役所に勤務してからも、しんぶん赤旗の購読にも懐疑的でした。

そもそもしんぶん赤旗の購読は、職員の業務に必要なものなのでしょうか。

私は次の2点でしんぶん赤旗は無駄だと思うのです。まずはすでに述べましたが、ほとんど読まれない状態で、大量に廃棄されていること。次にその内容です。

そもそもしんぶん赤旗の記事が、市政で参考になったことはあるのでしょうか。書いてある内容は批判ばかり。要するに、行政がやっていることについて細かくケチを付けているにすぎないのです。

そういう私も、企画部の係長になった時、「しんぶん赤旗日曜版」を購読させられていました。佐藤美智子市議から直接電話がかかってきて、「購読しなさい」と言われたので、その時はそのまま受け入れてしまったのです。

「しかしいくらなんでもこれはおかしい」

そう思って止めました。この判断は間違っていなかったと思います。さらにこうした現実を見直そうと思い始めました。まずは西宮市役所の刷新《さっしん》が必要です。私は勉強会を立ち上げることにしました。

折しも行革ブームが到来し、三重県の北川正恭《まさやす》知事（当時）が1997年に「三重のくにづくり宣言」を発表。県庁の組織を再編し、産業廃棄物税を導入するなど、「改革派」として全国的に有名になっていた時です。

この時に西宮市議だったのが、現在の今村岳司《たけし》西宮市長です。当時の私は企画部に配属され、市政に関するさまざまな政策に携わっていました。市役所内で議会の実況はFMで放送されていましたが、それを聞きながら、議会で何が議論されるのかをチェックすることも、私の仕事のひとつでした。

ある時、今村市議の話を聞いて、「これだ」と思いました。思いついたらすぐに行動するのが私の習性です。さっそく今村市議に電話しました。

「話したいことがあるので、会えませんか」

私からの電話を受けた今村市議は、「職員の杉田に叱られるかもしれない！」と怖がったようです。もっとも当時の今村市議は、最年少の26歳。他の人がものすごく大人に見えてしまったのでしょう。それにしても市議に怖がられる私って、いったいどんな存在だったんでしょうか……。

勉強会にも共産党の妨害が

今村市議と話をしたら、どんどん進んで一緒に勉強会を立ち上げることになりました。当初は西宮市政についての課題を検討することを取り上げていましたが、対象をもっと広げて地方自治一般に展開していきました。いえ、日本が直面するあらゆる問題を検討したいと思いました。

この勉強会は1年くらい続いたと思います。

そんな中、後に三重県知事になる鈴木英敬《えいけい》さんから連絡がありました。当時の鈴木さんは経済産業省の若手官僚で、「スーパー公務員塾」を提唱。これを竹中平蔵《たけなかへいぞう》氏がサポートしており、「霞が関の内部からの改革」として注目されていたのです。

「スーパー公務員塾の西宮市版をつくらないか」

それが鈴木英敬さんからの提案でした。もちろん拒否するはずがありません。これぞ私がやりたかったことです。西宮市を少しでもよくして、市民の生活が快適になることを目指すなら、これしかないと思ったのです。

しかし案の定、労働組合や共産党から妨害を受けました。そのやり方は、時には実力を伴うこともありましたが、もっとも堪えたのはじわじわとした神経戦で迫ってこられたことです。

これで挑まれると、普通の神経の持ち主ではとうてい持たないものでしょう。

当初の賛同メンバーは40名ほどいましたが、勤務の最中に各自を呼び出し、執務を妨害します。ネットの2ちゃんねるにも「○○と××が会っている」「※※がこういうことをしている」などと、匿名をいいことに、事実ではないことが書かれたのです。

有形力の行使には抵抗しましたが、具体的に誰が犯人かがつかめない匿名の嫌がらせには、さすがに参りました。「根拠のない嫌がらせにすぎない」となるべく気にしないように努めていた私でさえ、一時は人間不信に陥ってしまったほどです。

そして40人いたメンバーは、1人減り、ふたり抜け……。とうとう16人までになってしまったのです。

でもそれにへこたれてはいけません。私はマインド面を鍛えることを目的とした研修を企画したのです。

これは反響を呼び、各自治体から講師に呼ばれることが多くなりました。公務員受験塾から講演の依頼を受け、担当することになったほどです。

いよいよ政治の世界に

そんな時です。ある若い会社の経営者から、２００９年の神戸市長選に出馬する予定だった樫野《かしの》孝人《たかひと》さんのマニフェスト作りを頼まれたのです。

樫野さんは１９８６年に神戸大を卒業した後、リクルートに就職。映画プロデューサーなどを経た後にインターネット企業のＩＭＪの社長に抜擢《ばってき》され、ジャスダックに上場を果たしていました。

樫野さんの相手は3期目の当選を狙っていた矢田《やだ》立郎《たつお》市長でした。当時の矢田氏は政令指定都市市長会の会長を務めており、非常に強くて選挙は盤石《ばんじゃく》だといわれていました。

その一方で矢田市長は、神戸市が職員を派遣する外郭団体に人件費補てんのための補助金を支出したという問題で、裁判を抱えていました。２００８年には神戸地裁で、48億円を返還するように求める判決が出ています。

そのような中で、樫野さんはよく健闘したと思います。神戸新聞の調査によれば、現職の矢田市長に７８５２票差まで迫り、30代から50代までの「働き盛りの層」で矢田氏よりも得票率が上回ったのです。無党派層に限っていえば、樫野さんは矢田市長より80％も多く獲得しました。

この選挙はどの政党も公認も推薦も出さなかったのですが、みんなの党が勝手連的な応援をすることになり、代表の渡辺喜美氏が２度に渡り神戸に応援に来てくださいました。いまは民進党の衆院議員として活躍する井坂信彦《いさかのぶひこ》さんは当時は神戸市議で、一緒に樫野さんの選挙を応援した仲間ですが、その後に市議を辞めて２０１０年の参院選に兵庫県選挙区から出馬しています。

この時は惜しくも次点でしたが、２０１２年の衆院選にも出馬し、小選挙区では自民党の盛山正仁《もりやままさひと》さんに敗れたものの、比例区で復活当選を果たしました。

西宮市を含む兵庫７区から出馬した畠中光成《はたなかみつなり》前衆院議員も、この選挙のお手伝いをしていました。

畠中さんはみんなの党から２０１２年の衆院選に出馬して、小選挙区で落選したものの比例で当選しています。樫野さんの選挙では、私はウグイスも務め、井坂さんは内部で指揮をし、畠中さんは行動隊長を務めていました。いわば私たち３人は、この時から国政へと導かれたのです。そして３人とも２０１２年の衆院選で国会議員となった、政治の同志でした。

渡辺喜美氏が「国政に出てばいい」

私が国政に出ることになった直接のきっかけは、渡辺喜美《よしみ》みんなの党代表（当時）からお誘いを受けたことです。鈴木英敬さんと一緒に２０１０年の1月に衆院第2議員会館にあった渡辺代表の事務所に行きました。その時に、「国に来て、一緒に仕事をしてみないか」と言われたのです。

この時、私は胸が震えました。

それから、こんなできごともありました。

私が井坂さんの２０１０年の参院選選挙のお手伝いをしていたことは前述しましたが、その時に選挙参謀だった方から、「5月に西宮市で市長選がある。杉田さんに是非出てほしい」と言われたのです。渡辺代表にお会いした3ヶ月後のことです。

びっくりしました。西宮市役所には職員として勤務していましたが、まさか市長になろうなんて、これまで微塵《みじん》も考えたことがなかったからです。

「無理です」

私は即座にそうお答えしました。思いもしなかったことを「面白そうだから」といって、軽々しくやるつもりは毛頭ありませんでした。

そうしたら、「出るというまで出さない」と、5時間ほどその場所で〝監禁〟されたのです。いや、単に身体が拘束されていただけではありません。その間、ずっと出馬を説得されていたのです。普通なら根負けして、「じゃあ、出ますよ」と言ったかもしれません。それでも私は「出る」とは言いませんでした。

このことはその翌日に渡辺さんの耳に入りました。渡辺さんから直接電話があり、「これからあなたはどうしたいの？」と今後の進路について聞かれたのです。

私は「いま、無理やり西宮市長選に出馬させられそうになっている。でも私は市長はやりたくない」と訴えたところ、「じゃ、国政に出ればいい」と言われたのです。

この時、自分の「使命」を感じました。そして、「ああ、私がやりたかったことは、このことなんだ」とひしひしと痛感したのです。

衆院選で当選する

こうしてその次の衆院選でみんなの党の公認候補として兵庫6区（伊丹市《いたみ》、宝塚市《たからづか》、川西市《かわにし》）から出馬することが決まりましたが、いかんせん、みんなの党は関西での政党名の浸透度がそう高くありませんでした。このままでは私の存在すら有権者の皆さんに覚えてもらえず、当選がおぼつかなくなる危険性がありました。

よって熟慮した結果、私は石原慎太郎《いしはらしんたろう》元東京都知事と橋下徹《はしもととおる》大阪府知事（当時）とが共同代表に就任したことが話題になった日本維新の会から出馬することを決めました。そして2012年の衆院選では7万9187票をいただき、小選挙区では敗れたものの、比例区で当選したのです。

こうして国会の赤いじゅうたんを踏むことになった私ですが、2012年から2014年までの国会議員としての2年間は、非常に濃密な期間でした。それまで「日本をよくするにはどうしたらいいのか」と考えていたことが、どんどん具体的になっていったのです。

たとえば慰安婦問題についてです。
私が国会で慰安婦問題を取り上げたのは、以下の6回でした。

平成25年4月1日　衆院予算委員会
平成26年2月3日　衆院予算委員会
平成26年4月1日　衆院内閣委員会
平成26年4月11日　衆院内閣委員会
平成26年5月8日　衆院内閣委員会
平成26年10月15日　衆院内閣委員会

いずれも、ネットで何度も再生され、「杉田水脈《すぎたみお》」の名前を多くの方に知っていただくきっかけとなりました。慰安婦問題について国会で取り上げる政党は限られていましたが、予想以上の反響に多くの人の関心を集めていることを痛感しました。
と同時に、この問題に限らず、日本国や日本人の名誉に関わる問題の多くが放置されている実態が分かってきました。安倍政権になって、日本の発信力を高める予算措置に、日本の名誉を回復する内容が盛り込まれるようになりましたが、外交はどうしても、相手国との力関係がものをいいます。日本と韓国では日本の方が国際的に影響力がありますが、韓国はアメリカや国連を利用してパワーアップを図っています。

そうしたやり口を明らかにすることで、何が正しくて本当のことを主張しているのかを皆さんに判断していただくことが必要だと思います。

私は2014年の衆院選で落選しましたが、それ以降も国会議員時代と同じ気持ちで活動しています。いえ、国会議員という立場を離れたからこそ、より自由に活動しているといえるでしょう。

左派が述べるウソやいつわりをただし、まやかしのからくりを明らかにすることこそ、私がやっていきたいことなのです。

次の章では「高福祉国家」として称賛されているデンマークを視察したことをご紹介しましょう。

第二章

高福祉国家の幻想～デンマークは人間に幸せな社会なのか

実際に見てわかった「模索するデンマーク」

２０１６年10月23日から10月30日まで、デンマークに視察に行きました。デンマーク、スウェーデン、ノルウェーなど北欧諸国は高福祉国家として知られていますが、とりわけデンマークは「女性活躍推進法」を掲げる安倍政権がモデルとする国で、「デンマークを見習うべき」という有識者も多いのです。

では福祉が充実し、子育ても介護も公的サービスで行え、男女が平等に働ける国家とはどういうものなのか、私はかねてからその実態を見てみたいと思っていました。高福祉国家は果たしていい面だけなのか……。そして「ウーマン・ハッピー・スタディ・ツアー」という研修旅行に参加することができたのです。

さてバルト海と北海に囲まれたデンマークの面積は4万３０９４キロ平米《へいべい》で、人口は約５７０万人。人口規模でいえば、私が住んでいる兵庫県とほぼ同じです。「デンマーク王国」との名称通り、立憲君主制を採用しており、現在の君主はマルグレーテ2世陛下です。

デンマーク王室の王位継承は男子優先ですが、戦後に法改正が行われ、男子がいない場合は女子にも継承権が認められることになりました。これにより、兄弟のいないマルグレーテ2世陛下は、初めてのデンマーク女王として1972年に即位されたのです。

ちなみにマルグレーテ2世陛下は柔道の心得もあるとか。デンマーク王室は日本の皇室に次いで世界で古く、互いに交流も深めていらっしゃいます。

またデンマークといえば、アンデルセン童話が有名ですが、首都コペンハーゲンの港にある人魚姫の像が観光名所として知られています。

なので、日本にとってとても親しみやすい国といえるでしょう。

ではデンマークは福祉天国なのかというと、実際に私がそこで見た現実は、一般に解されているものとは全く違っていました。高福祉社会ゆえの悩みや問題、そしてそれらに取り組んでいくデンマークの人々の姿でした。

初日の10月23日は午前に、ヘルシンギョア市のベネディクテ・キエア市長を訪問しました。デンマークには98の基礎自治体がありますが、その中で女性市長はキエア市長を含めて11名です。

ヘルシンギョア市はデンマークの北部に位置し、海を挟んでスウェーデンが望めます。古くから交易で栄え、通行税を徴収して潤ってきた港町です。またシェークスピアの「ハムレ

ベネディクテ・キエア市長と

ット」は世界的な名作ですが、その舞台となったクロンボー城があるのがヘルシンギョア市です。港町ゆえに造船業でも栄えたこともありました。その跡地はいまは、リノベーションで図書館になっていますが。

キエア市長は県議と国会議員を務め、大臣就任の経験もあるベテランの政治家です。不妊治療で妊娠し、45歳で出産。2016年1月から14週間の産休・育児休暇を取得したそうです。

まさにいま、子育て真最中といえるキエア市長ですが、デンマークのシステムが女性の社会進出にとって素晴らしいものであるかどうかを尋ねると、極めて慎重な様子で次のような回答が返ってきました。

「女性の社会進出を支える基盤は、確かに確立されている。保育所はほぼ100%入れるし、男女ともに育休がとれるなど、充実している。しかし実際のところ、女性管理職や女性政治家の数は増えていない。いったい何がハードルとなって女性が社会的にステップアップしていくことを阻んでいるのかはわからない」

これは意外な反応でした。ちなみにデンマークには、「クオーター制度」のような少数者優先割当制度は存在しません。そういう制度は逆に、「本当の男女平等ではない」という考え方なのです。

ここでランチをいただいた後、午後からは北欧独特の教育機関である「フォルケフォイスコーレ」を視察しました。

「フォルケフォイスコーレ」の校長が語った民主教育のデメリット

「フォルケフォイスコーレ」とは、民衆の民衆による民衆のための成人教育機関を意味します。そのコンセプトを考えたのはデンマークのニコライ・フレデリク・セヴェリン・グルントビーでした。

グルンドビーは一部の上流階級の人たちしか高等教育を受けることができず、農民たちの文化が低く見られていることを批判し、自分たちをとりまく世界を学ぶ重要性を提唱したのです。

その結果、公的な教育を超えた学習機関として誕生したのが「フォルケフォイスコーレ」でした。

「フォルケフォイスコーレ」が誕生したのは１８４４年。一般市民（男性）が参政権を得た（女性が参政権を取得したのは１９１５年です）のが１８４８年ですから、民主化運動の流れの中でできた教育機関という位置づけができます。

現在では「フォルケフォイスコーレ」は、フィンランドで約90校、スウェーデンでは１５１校、ノルウェーで78校、デンマークで70校存在します。デンマークの「フォルケフォイスコーレ」は「学校を超えた学校」であることが特徴的です。

というのも、デンマークでは若者の15％から20％が学校を卒業後に「フォルケフォイスコーレ」で学びます。いずれも地域に根差した運営がされており、政治、哲学、宗教、芸術、文化、音楽、化学、文学、歴史などを学ぶことができます。全寮制で生徒も先生も一緒に寄宿舎生活を送ります。在校期間は半年から1年に及び、多くの優秀な政治家や経営者を輩出

フォルケフォイスコーレ

していることから他の国々からも注目されています。

私たちが最初に視察した「フォルケフォイスコーレ」はまさにそのグルントビーがつくったフォイスコーレでした。校長のオーレ氏は、民主主義のメリットとデメリット、双方の説明をしてくれました。

デンマークは他のヨーロッパの国々と同じく、1968年に学生運動が勃発《ぼっぱつ》し、先生と生徒が、対等にクラスや学校を運営する民主主義を体現した教育が始まったそうです。

それまでは先生が生徒を教え、生徒は机を並べて先生の講義を聞くという所謂《いわゆる》スクール形式だったのですが、それからはほとんどの学校でグループワークの学習形式となり、先生は助言する立場となりました。先生が「教える」ということがなくなったわけです。

するとこ何が起こったか。

平等主義が学力低下を招く

以前は家庭に貧富の差があっても先生が教えることを生徒が同じように聞いていたので、家庭格差は学力に反映されなかったのですが、先生の地位の低下により親の教育の影響が子どもに強く表れるようになったというのです。

親が賢ければ子供も賢く、親がそうでなければ子供の教育も不十分になる傾向が強くなった、すなわち家庭格差の固定化がなされたとのことでした。

その一方で生徒の過度な権利主張が増えたそうです。こうした現実をオーレ校長は「とても残念だ」と嘆いておられました。

そもそもデンマークには塾や予備校はありません。教育費はすべて無料になっていますが、それでもやはり格差は存在するそうです。平等から始まる教育だけでは、社会格差は解消できないのでしょう。

また民主主義が家庭にも広がった結果、夫婦間の妥協ができなくなり、離婚が増えました。今では離婚率が48％になっているそうです。若いうちから性に奔放な風土があり、1人の人間と添い遂げるということに価値観を見いだせなくなったことも原因のひとつなのでしょう。オーレ校長曰く、「民主主義が進んだ結果、妥協するのが下手になった。」のだそうです。要するに、節操の崩壊をもたらしたわけです。

またデンマークでは、最終的に大学を卒業して社会に出るのは29歳頃になります。このような「モラトリアム期間」があるため、新人教育なしで、即戦力として企業で仕事ができるという利点があります。その一方で、婚期が遅れるという問題点も指摘されています。

女性の地位向上で少子化促進

しかも、ここ20年くらいデンマークの大学進学率は女性が男性を上回っています。男性が40％に対し、女性が60％にものぼります。一般的に優秀な女性は夫に自分以上に優秀な男性を求めるため、ミスマッチが起こり、晩婚化がますます進んだようです。

また高学歴女性の経済的自立も、離婚率を上げた原因だろうとのことでした。

「女性の地位向上、男女平等が進むと少子化が進むのです。」

オーレ校長は溜息《ためいき》をつくようにおっしゃいましたが、この言葉は非常に印象に残りました。

このように、デンマークの社会構造の構成に重要な役割を果たしている「フォルケフォイスコーレ」ですが、日本からも入ることができます。もっともほとんどはデンマーク人の占める割合が50％以上でないといけないとなっていますが、私が次に見学した「インターナショナル・ピープルズ・カレッジ」は例外で、デンマーク人が1人もいなくてもよいことになっています。それでも他校と同じく、政府の補助金を受けることが可能です。

そもそもデンマークでは、どんな人たちでもグループを作ってフリースクールを立ち上げることができます。「フォルケフォイスコーレ」も国公立ではなく、私的な機関が運営主体となっています。こうした組織に対して教育省は金銭的な支援はするが、口は出さないという方針だそうです。

このように「フォルケフォイスコーレ」には日本人の学生もたくさん学んでおり、参考になることも多かったのですが、ひとつ気になったことがありました。前述の通り、デンマークは性に奔放なお国柄もあり、寄宿舎（全寮制。先生もすべて住み込み）では男子と女子のユニット（シングルとツインの部屋がひとつずつ、3人でひとつのユニット）が同じ建物に男女混合で入っており、さらにカップルになるとツインの部屋に入れるというのです。

その学校の校長によれば、「学生はみな18歳以上なので、性のことは本人たちに任せて自由にさせている。学校内でも愛の場面がたくさん繰り広げられている。」とのことです。これも文化の違いなのだと思いますが、日本の親ならこの学校に行かせることに躊躇《ちゅうちょ》を覚えるのではないでしょうか。

デンマークの女性の社会進出の実態

視察3日目には、KVINFO（クビンフォ）と呼ばれる平等と多様性のビジョンに向けて取り組む団体を訪れ、女性の社会進出について話を聞きました。

「デンマークでは男性の収入に頼って生活している女性はいない」という説明があったので、私が「デンマークには専業主婦はいないのか」と質問すると、担当者から次のような答えが返ってきたのです。

「一部のセレブ層には専業主婦はいる。ただこれは個人的見解だが、これだけ頑張って女性の社会進出の基盤を整えてきたのに、専業主婦になりたいという女性が存在すると、はっきり言って困る」

これを聞いて、ああこれが実態なのかもしれないなと思いました。個人の自由を徹底していくと、すべての女性が社会で働きたいと望むわけはない、中には「専業主婦になりたい」女性も出てきて当然です。しかもそれを許す経済的な環境にあれば、専業主婦も存在することは十分にありえます。

ですが、こうした専業主婦の存在は、「女性の進出」に逆行する印象を与えかねないのです。本当は社会が豊かになれば、専業主婦の存在も認めるべきなのに、それを否定してしまうというのは、本当の意味での個人の自由が尊重されているわけではないといえないでしょうか。

また、女性は自治体など公的な職場で働く人が大多数で、逆に男性は民間の職場で働く人が多いとのことも聞きました。ＫＬ（コーエル）という、日本の総務省と労働組合を兼ねたような、地方自治体を管轄する団体を訪問した時も、行政職員の80％を女性が占めると説明を受けました。もともと保育士や介護士、保健師や教師などの職種では、日本でも女性が多くを占めていますが、それにしても80％とは注目すべき数字です。

これはかつて市役所に勤務していた私としては、すごく合点がいきました。日本でも公的機関の方が女性進出の制度が整っています。民間企業よりも利潤追求をしない公的機関の方が働き方を追求しやすいという理由があります。

よって、優秀な女性が行政に進出した結果、そのほとんどを占めるということになったのでしょう。

ただ管理職の割合はまだ低いそうです。「制度に欠陥はないのに増えないのはなぜか」というのが課題だそうです。これに回答を与えるには、もういちど教育システムなどを見直した方がいいかもしれません。

介護についても説明がありました。デンマークでは子どもは18歳になると自立します。大学に行っても学費はタダですし、生活費やお小遣いなど月額10万円程度が国から支給されるからです。

よって、18歳を過ぎての親との同居はほとんどありません。親が年老いて介護が必要になっても、それは行政の仕事です。子育ても家事も介護も女性がすべてをできるはずがない。できないことは行政に任せればよい、という発想です。

デンマーク人にとって家族とは何なのか

では、子育ても家事も介護も全部行政がやる、デンマーク人にとって「家族」とはいったい何なのでしょうか。極めて素朴な疑問です。

質問すると、「家族とは楽しい時に集うもの。それ以外の時間はそれぞれ別々に過ごす。すごく親しい友人に近い感覚だ」という答えが返ってきました。これは苦しみも悲しみも分かち合い、困った時には助けあい励ましあうという私たちが持つ家族の像とはかけはなれたものだと思いました。

また育児休暇の仕組みについても、詳しい説明がありました。

デンマークでは、育休を男女で合計1年間とることができます。その内訳は、女性が6か月、男性が3か月、残りの3か月は女性がとっても男性がとってもよいことになっています。実際には女性がとることが多く、ほとんどが「女性が9か月、男性が3か月」というのを選択するそうです。

この現実について、担当者は「ここの差が縮まらないと男女平等とはいえない」ということですが、ここでも外見的な平等を求めている印象が否めませんでした。そもそも男女には差があるため、同じ扱いでは本来の意味での平等とはいえないのが私の考え。機会を与えてそれを自由に選択できるということを保障できれば、それで十分ではないかと思うのですが。

4日目には国会議事堂に行き、アストリッド・クラウ議員にお話を伺いました。3児の母であるクラウ議員は、中道左派の社会民主党に所属しており、保健大臣として在任中に妊娠出産したそうです。大臣の出産・産休に対する国民の反応はおおむね好意的だったそうです。クラウ議員のお話は次の通りでした。

・国会議員に女性を増やすためには、政党が優秀な女性を選ぶ必要がある。国民が男性を選ぶか女性を選ぶかはわからないから、女性についてはなお能力を重視すべきである。

・2025年には、デンマークは高学歴人材が7万人不足する。一方で失業者も7万人になるという予測がある。要するに労働の受給バランスが崩れてしまう。

・まだまだ育休をとる男性国会議員は少ない。また経済関係の委員会は男性が多く、保健関係は女性が多いという実態がある。これだけやっても男女差はなかなかなくならない。

・男性の育児休暇は「女性ばかり休めて、ずるい」と男性国会議員が言い出したことから始まった。
・結局、女性が活躍できるかどうかは選ぶパートナーにかかっている。（彼女の旦那さんはこちらでは有名なラップシンガーなのだそうです）

日本とデンマークでは、育児のコンセプトが異なる

彼女もまた、「育休をとる割合に男女差があること」が問題だと語りました。しかしこの問題は、子育てをした女性ならすぐ原因がわかると思います。男性は赤ちゃんにおっぱいをあげることができないことから発生しているのです。

赤ちゃんが卒乳するのは生後10か月前後。それまでは、お母さんもおっぱいをあげないと胸が痛くて痛くてたまりません。これは生まれたばかりの赤ちゃんから母親が離れるべきではないと身体が教えてくれているのです。

男女の育休を無理やり規定するより、女性が1年とれるということにして男性はとってもとらなくてもよいとなっている日本の育休の方がよほど道理に適《かな》っていると私は思います。

もっともデンマークには「4か月までは母乳で育てないといけない」という決まりもある

そうです。（日本だと「母乳が出ない人もいる」と問題になりそうですが）大臣在任中に出産したクラウ議員も例外ではありません。海外出張中もご主人が赤ちゃんを連れて随行し、会議などの公務の間に「はい！」と赤ちゃんを渡され、授乳してまた赤ちゃんをご主人に渡す……ということを繰り返したそうです。クラウ議員は「仕事と両立できるかは、女性が選ぶパートナーによる」と言いましたが、これはまさに自身の経験から出た声だったのです。

赤ちゃんが6か月になれば、すべての家庭が保育園に預けることができます。よって待機児童はゼロ。赤ちゃんのお母さんが仕事を持っていなくても、この権利は行使できるのです。

そもそも日本とデンマークでは、行政のシステムが異なります。

日本では保育園は福祉施設で厚生労働省が管轄し、幼稚園は教育施設として文部科学省が管轄します。よって、保育士と幼稚園教諭では待遇が違いますし、行政サービスも異なります。

一方デンマークでは、0歳児から2歳児までが通うのが保育園、3歳児から6歳児までが通うのが幼稚園と、年齢で区別されているだけで、ほとんどが併設されているのです。

なお、保育園も幼稚園も、カリキュラムはありません。クラス分けもなく、工作や読書、クッキング、音楽など、活動のブースがあるだけで、子どもたちは年齢とは無関係に、したい時にしたいことをして遊びます。教師は子どもたちに積極的に何かを教えることはなく、子どもたちの活動の補助をしています。

子どもたちはもちろん、外に出ていきたければ出ていってよく、建物の中にいる必要はありません。

私たちが見学したグレステッド市にあるグリウスコウ自然幼稚園では、「森のようちえん」が併設されており、子供たちは大自然の森の中で長い時間を過ごします。

また、家庭菜園や動物を飼う施設もあり、育てた豚や鶏を自分たちで料理したり、ヤギのミルクを飲んだりします。当然男女の別はありません。そういった中で考える力を養い、生きていくために必要な知恵を学ぶのです。

こうした「森のようちえん」はデンマークでは大人気で、グリウスコウ自然幼稚園のように普通の幼稚園に併設されているのではなく、一日中森の中で過ごすタイプの幼稚園の方が人気が高いそうで、赤ちゃんが誕生すると早くも翌日に、入園のための予約が入るそうです。

しかし「森のようちえん」に入ると、雨の日も雪の日もずっと屋外で過ごすことになりますが、そういうことを心配するのは日本人で、デンマーク人は気にしないそうです。

そもそもデンマーク人は、乳幼児を屋外で昼寝させる習慣があります。

高緯度にあるデンマークは、冬になればマイナス10度になることもしばしば。それでも子どもをベビーカーに乗せて、屋外に放置します。

そうすれば、丈夫な子どもに育つといわれています。家族で食事に出かけても、店内で食事を楽しむのは両親で、赤ちゃんはお店の外ですやすやと寝ている……。

そういうことがデンマークに行く前に読んだマレーヌ・ライダル氏の「デンマーク人が世界で一番幸せな10の理由」で紹介されていたのですが、なぜそれが許されるのかというと、「赤ちゃんを外にひとり置きっぱなしにしても誘拐されないほど、デンマークは治安がいい」ということのようです。

ちなみにアメリカで同じようなことをしたら、「児童虐待」で親が逮捕されたというエピソードも添えられていて、実際にこちらで子育てをされているお母さんは、「外の方が空気が綺麗だし、風邪もひきにくくなる」と笑顔で言っていました。

デンマークは手本にならない

次にデンマークの労働システムについてご紹介します。

デンマークでは労働時間は1日7時間です。1時間のお昼休憩と午前と午後に30分ずつの小休憩を含みますので、実質は1日の労働時間は5時間になります。

さらに週に35時間以上働いてはいけないことになっているため、ブラック残業やサービス残業はもちろんありません。労働組合が職種ごとに存在し、それぞれの職種はすべて待遇が同じとなっています。

よってA社に勤めていて不満があるとすれば、その原因は待遇ではなく「人間関係」のみになります。どうしても会社の環境が自分に合わない場合は、同じ職種のB社に転職すればよいだけで、同じ待遇で雇ってもらえます。また失業保険も充実していますので、転職に不安を持つ必要もありません。

これは「同一労働、同一賃金」の考え方です。労働者にとってはどこで働いても待遇は同じで、企業にとっては賃金が同じですので、競争力が育たないという問題点があります。しかしデンマーク人はお金に執着がないので問題ないそうです。

というのも、質の高い福祉サービスを提供するため（待機児童ゼロ、待機老人ゼロです）、貯蓄する必要もありません。所得税は一番高いクラスで68％も課せられていますが、デンマーク人で「税金が高い」と不満を言う人は少ないそうです。

要するに「お金をたくさん持つことが幸せ」ではなく、「生活に経済的な不安がないことが幸せ」なのです。医療費も教育費も無料ですし、土地を相続できないデンマークでは、「子どもに何かを残す」こともできません。デンマーク人が「幸福度世界ナンバーワン」である理由はここにあります。

ちなみに農地も例外ではありません。農業は超エリートが就く職業で、専門の大学院を出て、農業経営の知識までしっかり学んだ人しかできません。こうした農業エリートによって、「無農薬」「オーガニック」といった付加価値が高くて競争力のある「攻めの農業」が展開されているのです。

こうして農地面積が日本の農地面積の60％程度しかないにも関わらず、農畜産物の3分の2が世界100か国に向けて輸出されています。その理由は大規模化。デンマークでは農業経営数が減少傾向にある一方で、1経営あたりの面積は67・5ヘクタールと非常に広く、養豚経営についても、1経営あたり2600頭と多く、しかもその過半数は5000頭以上を肥育しています。

その結果、豚肉の輸出額はドイツ、アメリカに次いで世界3位、ベーコンやハムなどの加工食品も、イタリア、スペイン、ドイツ、オランダに次いで世界5位を占めています。

こうした高生産性を誇る事業を展開するわけですから、農業従事者の進学は、日本でいえば医学部に進学するのに近い感覚です。日本でこの制度を導入すれば、「革命」が起こってしまうかもしれませんね。

また環境重視のデンマークでは、多くの人が交通手段を自転車に頼っています。そもそもデンマークには自動車産業がありません。ですので、政府としては自動車を保護すべきではないため、思い切ったアンチ自動車政策ができるのです。

もっとも1970年代までは、デンマークも車社会だったそうですが、エネルギー問題や環境問題を解決するために国と国民が一体になって「自転車政策」を推進したそうです。雨が降っても雪が降っても道路が凍っても自転車です。国会議員も会社の社長さんも、通勤する手段は自転車です。皆さん思い思いの自転車ファッションを楽しんでいました。

自動車が走る車道と自転車道はほぼ同じ幅が確保され、道路を横断する時には自動車には気を付ける必要はさほどないのですが、ぼやぼやしていると自転車に轢《ひ》かれかねません。

このように現在のデンマークのシステムは、デンマーク人が「デンマークに生まれてよかった」「デンマーク人でよかった」「だから、子どもたちや孫たちに素晴らしいデンマークを引き継ぎたい」との思いで、何十年もかけて作ったものです。

それでも国民全員が安心しているのかといえば、そうではありません。いまだに社会的格差は存在します。デンマークのような国でも、生活困窮者はいるのです。コペンハーゲンでは寒空の下、路上で寝るホームレスもたくさん見かけました。理想に近づくために頑張っても、まだまだ課題はあるのです。

このように、実際に見てみると、デンマークも日本もさほど変わらないのではないかと思いました。社会制度ではデンマークの制度を日本にいきなり導入するのは不可能です。さらに女性の社会進出が少子化を止めるのかといえば、デンマークの現実を見てもそうとはいえないと思いました。お話を聞いた有識者も、「少子化の解決には繋がらない」と明確に述べていて、むしろ日本の現状の方が恵まれている部分もあるように思ったのです。

さらにデンマークには、たとえば移民問題などのような新たな悩みの種も生まれています。これについてデンマーク政府は表面的には受け入れに積極的なように見えています。しかしそう単純な問題ではないようです。

デンマーク人も移民の増加に困惑している

移民問題については前述した「インターナショナル・ピープルズ・カレッジ」の校長は、「移民の受け入れを辞めるのは多様性を認めて共存してきたデンマークらしくない。デンマークの難民受け入れはまだ人口の10%。他国では25%受け入れている国もある。まだまだ大丈夫。」と語り、「日本は1%しか受け入れていないじゃないか」と批難しています。

多様性の支援に取り組む「クビンフォ」のスザンヌ氏は一歩進んで、「いままでは移民や難民にデンマークを理解し、早くなじんでもらえるような施策を展開してきたが、それとは違う気がしている。移民の人たちとも対等であるべきだ。これからは彼らをありのまま受け入れ、彼らから学ばなくてはならない」と語っています。

その一方で、一般のデンマーク人は外国からの移民に癖癖《へきえき》しているわけです。

たとえば世界初の歩行者天国の「ストロイエ」を散策していた時です。コーディネーターさんからこんな注意を受けました。

「ルーマニア人の窃盗団が横行しています。彼らは窃盗のプロですから、とにかく気を付けてください」

　コペンハーゲン空港でも、ビジネスクラスのカウンターにスリが多いと聞きました。ビジネスクラスはエコノミークラスよりも裕福な客が多く、しかも一般とは別のコーナーにあるためにうっかり油断しがちなので、ターゲットになりやすいようです。

　しかも彼らは目立たないようにスーツを着用しますが、足元は逃げやすいようにスニーカーを履いています。さっと盗んでどんな人ゴミもすばやく走って潜り抜け、あっという間に逃げ去っていくそうです。

　こうした外国人の犯罪集団に、デンマーク国民は困惑しています。2015年の選挙で、移民排斥を唱える右派政党「デンマーク国民党」が躍進したことは、そうした国民の声を反映したものといえるでしょう。

　日本では移民政策が国政の主要争点になることはあまりありませんが、デンマークではたびたび選挙の争点になっています。

　最初は1960年代から1970年代初めにかけて、国策としてトルコやパキスタン、北アフリカなどから移民を受け入れた時です。1973年のオイルショック以降は、経済移民の受け入れは停止したものの、政治難民については受け入れを継続しています。

そして、国政選挙で移民が問題になったのが、2001年と2015年の総選挙です。2001年はアメリカの同時多発テロが勃発し、2015年はコペンハーゲンで銃撃事件が起こった年。いずれも移民に対する国民の懸念が広まっていた時でした。

日本も移民政策について無関心ではいられません。もともと「共生社会」を掲げてきた左派政党は移民にも寛容的ですが、自民党までも経済対策として移民政策を掲げています。

確かに少子化により労働力が不足するため、移民で補おうという気持ちは理解できます。しかし安易な移民の受け入れについては、すでに多くの国で矛盾が露呈しています。いったん入れてしまったのではもう遅い。我々はきちんと移民政策の実態について検証すべきではないでしょうか。

次の章では、いまや世界的大問題になってしまった難民政策の是非について述べたいと思います。

第三章

移民を受け入れることの危険性

1枚の写真がきっかけになった

難民問題はもはや世界的な問題になっています。そのきっかけとなったのはたった1枚の写真です。

2015年9月2日に世界に配信されたのは、トルコの砂浜に打ち上げられたクルド人のシリア難民の幼児の遺体の写真でした。男の子の名前はアラン・クルディ君。3歳のアラン君は、両親と5歳の兄と一緒に小さなボートに乗り込み、ギリシャに渡ろうとしましたが、波が高くて船は転覆。アラン君たちは海に投げ出され、母親と兄も死亡しました。

父親のような年齢のトルコの警備兵にそっと抱きあげられた赤いシャツに紺色の半ズボン姿のアラン君は、静かに眠っているだけのように見えました。

この写真が与えたインパクトは非常に大きく、またたく間に世界中に「難民の悲劇」を喧《けん》伝《でん》しました。私もこれを見た時は、非常に胸が痛みました。さっそく反応したのはEU各国です。

とりわけ積極的な姿勢を示したのは、ドイツのアンゲラ・メルケル首相でした。さっそくドイツはシリアからの難民受け入れに上限を定めない、すなわちドイツへの入国を希望する者は全員ドイツが受け入れると宣言したのです。

東ドイツ出身のメルケル首相にとって、経済的な理由で外国に移動しようとする人たちはかつて西側社会に憧れた自分の姿と重なり、十分に同情できるものだったのかもしれません。そもそも移民に対するドイツの庇護《ひご》は手厚く、憲法であるドイツ基本法も、移民を保護するむねを宣言しています。その結果、2015年末までに、ドイツは89万人もの難民を受け入れることになりました。

一方でフランスも、フランソワ・オランド大統領が9月7日に、2万4000人を超えるシリア難民の受け入れを表明しました。そしてメルケル首相とオランド大統領は9月3日、EU全体で難民受け入れの恒久的かつ義務的枠組みを作ることで合意しています。

ドイツやフランスというヨーロッパの2つの大国が合意したことで、EUも動かざるをえなくなりました。

さっそく9月22日にEU法務・内務閣僚理事会が開かれ、すでに決定している4万人の難民枠の他に、新たな難民受け入れ枠12万人を設定しました。これにより、合計16万人の新たな難民が、EU内に流入できることになったのです。

しかし「難民歓迎ムード」は長く続きませんでした。２０１５年11月13日にはパリで同時多発テロ事件が起こります。

最初の惨劇の現場となったのは、パリ市内のサッカー場でした。ちょうどフランス対ドイツ戦が行われており、オランド大統領やドイツのシュタインマイヤー外相が観戦したところでした。

そこに爆音が響き、犯人を含む５人が死亡したのです。

騒動はそれでおさまりませんでした。その後に狙われたのは一般の飲食店で、明らかに不特定多数を狙う無差別テロでした。そしてコンサートホールで銃乱射が起こり、テロとは無関係の一般観客が人質としてとられてしまったのです。

一連の事件は、多数の一般人を巻き込むという大掛かりなものになり、死者は１３０名、負傷者は数百名にものぼったのです。

その他、ドイツやスウェーデン、ベルギーなどヨーロッパ各国で難民による犯罪が多発しました。たった1枚の水死した男の子の写真は、難民の悲劇として全世界の同情を集めただけでなく、世界的な連続テロの引き金となり、難民問題の深刻化の象徴となってしまったのです。

難民受け入れに後悔するヨーロッパ

こうした動きに対してヨーロッパ諸国はおののきました。そしてそれまでの難民を受け入れるという姿勢を変え始めたのです。

まずは難民受け入れにいちはやく積極的な姿勢を示していた、メルケル首相が率いるドイツです。

というのも、ドイツ国内でも移民に紛れ込んだ犯人によるテロ行為と見られる事件が相次いだからです。たとえば2015年12月31日にケルン駅で集団女性襲撃事件が起こりました、2016年1月12日にイスタンブールで発生した自爆テロの犯人がドイツで難民申請をしていたと報道もされました。

そうなると批判されるのは難民受け入れを提唱したメルケル首相です。切羽詰まったメルケル首相は、「できるなら（難民の積極的受け入れを表明した2015年9月以前に）時計を戻したい」と嘆息をついたとも報じられています。

さらに決定的だったのは、2016年2月20日に首都ベルリンで起こったトラック突入事件でしょう。これにより12名が死亡したのですが、容疑者が２０１５年12月に亡命を申請していたことが明らかになりました。２０１５年のメルケル首相が宣言した難民受け入れが招いた事件とも解されています。

そもそも難民とは、政治的な理由などで故郷をおわれる人を意味します。人道上、そうした人たちを保護すべきだというのは、説得力のある主張です。

しかしながら、シリアからの難民全員を果たして保護すべきなのでしょうか。彼らすべては、政治難民なのでしょうか。その中には経済的な目的を持つ難民はいないのでしょうか。さらにいえば、政治難民だからといって、受け入れ国にとって安全で安心な人物だとはいえません。もしテロなどを起こしたら、どうするのでしょうか。治安の面から見て、彼らを排除することは許されないのでしょうか。

日本は１９８２年に「難民の地位に関する条約」を締結しました。国連難民高等弁務官事務所（ＵＮＨＣＲ）はＨＰで以下のように記載しています。

質問14　難民条約を締結した国はすべての難民に対して恒久的な庇護を与えなければいけませんか？

1951年条約は自動的なあるいは恒久的な保護を与えるものではありません。難民が庇護国へ恒久的に統合されるという場合もありますが、難民が難民の地位を獲得した理由が消滅したときに、難民ではなくなることもあります。難民が国籍国へ自動的に帰属することは、UNHCRにとって「望ましい」解決方法ですが、当該国の状況が安全な帰還を可能にする場合のみそうだといえるでしょう。

すなわち、この難民条約は「万能」ではないのです。難民であるかどうかの具体的判断は各国が行うものであり、日本はこれに慎重な態度をとっている以上、難民の認定は難しいといえるのです。そもそも文化や歴史が違い、経済的な格差もある「異分子」であるわけで、それを受け入れるとなると、社会や国家の負担は非常に大きくならざるをえません。

実際にEUに難民が押し寄せた時、こういう話を聞いたこともありました。難民キャンプで「必要なものはないか」とアンケートをとったところ、なんと「女」と記載された回答があったというのです。

これは非常に怖いと思いました。難民が全員このような人たちとは限りませんが、もともとは価値観が違います。我々は自分たちの安全を犠牲にしてまで、このような人たちを受け入れなければならないのでしょうか。

安全面だけではありません。多数の難民を受け入れる経済的負担も大きな問題になってきます。

デンマークでは難民として受け入れるには、所持している貴重品を放棄させることを決定し、2016年6月から施行しています。これはもっともなことだと思います。難民は国家をあげてもてなすべき珍客ではありません。難民として外国に保護待遇を求める前に、まず自分のことは自分でやるべきだと思います。受け入れ国が多大な犠牲を甘受してまで、難民を受け入れる必要はないと思います。

すなわち難民とは、単なる「可哀想だから助けてあげたい」という感情論では解消できない問題といえるのです。

日本は難民を受け入れるべきではない

では日本は難民についてどのような対応をとっているのでしょうか。これについては20

15年9月19日、安倍晋三《あべしんぞう》首相が国連総会で行った演説を見てみましょう。

「我が国は、G7の議長国として、また「人間の安全保障」の提唱国として、難民問題に積極的に貢献してまいりました。JICAは、日本の援助機関として、トルコやヨルダンをはじめ世界各地でシリア難民や受入コミュニティへの支援を行っています。日本のNGOも現地の人々と協力しながら汗を流しています。さらに日本は、国連機関とも緊密に連携しており、多くの日本人職員が活躍しています。

日本の支援の特徴は、緊急的な「人道支援」に加え、難民の自立や受入国の経済発展を支える「開発支援」を並行して進めることです。一例を挙げると、レバノン中部では、人道支援に加えて、UNHCR(国連難民高等弁務官事務所)と協力し、シリア難民やレバノン人の若者に職業訓練を提供しています。また、UNDP(国連開発計画)と連携し、農業灌漑《かんがい》水路を敷設しました。これら支援は、3万人以上を助けています。

このようなアプローチを、我々は「人道支援と開発支援の連携」と呼びます。一言で申せば、難民と受入コミュニティ双方を、緊急支援から経済発展までシームレスに支援するということです。このアプローチが、難民・移民の安全と尊厳を守るとともに、難民・移民と受入コミュニティの共存を可能にし、「ニューヨーク宣言」の目的を達成する上で、大きな力となることを期待します。

締めくくりに、私は新たなお約束をします。日本は、２０１６年から3年間で総額28億ドル規模の難民・移民への人道支援、自立支援及び受入国・コミュニティ支援を行うことを表明します。今後も日本は、国際社会との緊密な連携の下、難民・移民問題の解決のために主導的役割を果たしてまいります。」

この時はまさにヨーロッパで難民問題がクローズアップされていた時でした。日本は国連機関を通じて人もおカネも支援すると表明しました。「主導的役割を果たす」と明言したわけですから、かなり積極的に踏み込んだわけです。

しかし安倍首相はこの演説で、「日本は難民を受け入れる」とは一言も言っていません。

当時の新聞の論調はみな、「日本も難民を受け入れるべき」と主張していました。その急先鋒と思われる元国連高等弁務官の緒方貞子《おがたさだこ》さんは朝日新聞で、「難民受け入れは積極的平和主義だ」と述べています。

もっともこれまでも日本は難民に対して冷淡ではありませんでした。第二次世界大戦時、リトアニア・カウナスの日本領事館に勤務していた外交官・杉原千畝《すぎはらちうね》は、ユダヤ人にビザを発行し続け、6000人以上の命を救っています。

また1975年に旧南ベトナム政府が陥落し、ベトナム戦争が終結すると、ベトナムやラオス、カンボジアから新体制になじめない人々が数多く脱出しました。彼らはその多くが海路を使ったため、「ボートピープル」と呼ばれていますが、日本は1979年から2005年にかけて、1万1319人（うちベトナム人は8656人）を受け入れています。

そして2015年、安倍政権はシリア・イラク難民救済のために、8億1000万ドルもの支援を発表したのです。これは前年の3倍にも上ります。さらにレバノンへ200万ドルを支援し、EU周辺にあって難民問題と格闘するマケドニアやセルビアには250万ドルの人道支援を実施することを表明しました。

このように、日本は国際的に難民問題を解決する姿勢を示し、そのための環境づくりに積極的に貢献しているのです。

しかしだからといっていま、日本が難民を積極的に受け入れるべきだということにはなりません。

まずは「難民」自身の問題です。

日本国内での難民申請数は、2016年1月から9月末までで7926人にものぼっていますが、認められたのはわずか6名でした。

申請数は年々増加しており、過去最多を記録しています。その一方で認定数は減少しており、非常に狭き門だといえるでしょう。

その理由は、「難民」として申請する人たちの多くは政治的迫害から逃げてきている「政治難民」ではなく、就労目的の偽装申請だと見られているからです。実際には旧民主党政権時の2010年に法改正が行われ、申請して6か月から就労許可を得られるようになったことをきっかけに、偽装申請が急増しています。

これにより、本物の「政治難民」の認定が難しくなっているという側面があります。各申請者をはじめから「偽装難民」としてうたがってかかるわけにはいきません。ひとりひとりを丁寧に調査していけば、当然のことですが本物の「難民」にたどりつくまで時間がかかります。その結果、本物の「難民」を保護することも十分ではなくなる。このような悪循環は明らかに、旧民主党政権時の失政のひとつといえるのではないでしょうか。

北朝鮮の流民が日本でテロを起こす可能性

さて日本が難民をオープンに受け入れたら、非常に怖いことが発生しかねないことを説明しましょう。

まずはシリア難民が日本に押し寄せてくる可能性は小さいといえるでしょう。というのも、彼らの多くが経済的理由で空路ではなく海路を利用するため、地理的に遠い日本にはなかなかやってくることができないからです。

また気候や生活習慣、文化の差という壁は大きく、日本社会が彼らにとって魅力があるかといえばそうとは限りません。

もし生活習慣や文化の差という壁を彼らが容易に乗り越えるなら、すでにフランスに行っているはずです。ＥＵの中でフランスの移民受け入れ数が少ないのは、移民の多くがフランス行きを望まないからです。

フランスではドイツほど移民にむけた福祉が整っていない上、文化や言語の壁が大きくたちはだかっています。フランス以上に彼らにとって高い壁のある日本に、容易にやってはこないでしょう。

むしろ我々日本人が懸念すべきは、近隣国からの難民対策でしょう。たとえば北朝鮮の崩壊による流民の問題です。

その可能性は非常に高く、また発生した場合の危険性も非常に大きいでしょう。日本海を渡ることは地中海を渡ることより容易です。実際にかなり頻繁に、これまで北朝鮮のスパイの小舟が日本海を経由して日本に渡ってきました。それは、横田めぐみさんをはじめとしてたくさんの日本人がひそかに拉致《らち》され、北朝鮮に連れて行かれたという実態を見ても明らかです。

もし北朝鮮から流民が押し寄せたら、それこそ大変なことが起こります。

まずはテロの被害ですが、これは現在ヨーロッパで起こっているテロよりも深刻なものになることは確実でしょう。それは、彼らが原子力発電所を狙う可能性がとても大きいからです。

というのも、日本の原子力発電所のいくつかは朝鮮半島に面する日本海側に設置されています。原子力発電所は核分裂で発生する高熱を冷却するために海水を取り込むことが必要になりますが、そのために海岸に建設されなければならないからです。それに加えて人口が少なく土地買収が容易で、強い反対がないところが選ばれます。よって、産業が少ない地域の自治体がその建設地として選ばれたのです。

しかも施設の警備は、厳重に武装した軍隊が行っているわけではありません。そもそも民間会社である電力会社の施設を自衛隊が警備できるはずがありません。よってほとんど武器を持たない民間の警備会社に任せているというのが現実です。

そんなところに仮にテロの訓練を受けた北朝鮮の兵士が日本海を渡ってやって来たらどうなるでしょうか。素手で自分の体がすっぽり入れるほどの穴も掘ることができるほど技能を持った彼らは、あえて原子力発電所を狙わないというのでしょうか。このようなゲリラに原子力発電所がジャックされたのなら、どういうことが起こるでしょうか。もちろん日本中が大パニックになりますが、それだけではありません。原子力発電所施設内で自爆テロなどが起こったならば、その瞬間に日本全体が破壊され、日本という国が地上からなくなってしまいます。

ハンミちゃん事件を忘れるな

しかもその可能性は否定できないのです。実際に北朝鮮から難民が流入する可能性のある事件が起こっているのです。

2002年5月8日、中国遼寧省《りょうねい》の省都である瀋陽《しんよう》の日本総領事館に、北朝鮮から脱走した一家が逃げ込もうとして、中国人民武装警察に取り押さえられました。一般に「瀋陽事件」と呼ばれている事件です。

この時には2人が総領事館に逃げ込みましたが、他の3人が中国の警察に身柄を拘束されました。さらに逃げ込んだ2名も、すぐさま総領事館に入った中国の警察によって連行されています。

そもそも中国側のこの行為は、完全なウイーン外交条約違反です。ですが、さらに注視しなければならないのは、日本に対して逃げてくる脱北者がいるという点です。

もっとも日本総領事館に侵入しようとした脱北者家族は、日本ではなくアメリカを選びました。しかしもし彼らが渡航先として日本を選んだ場合、日本はこれを拒否できたのでしょうか。

こうした状態は2012年に金正日《キムジョンイル》が死亡し、金正恩《キムジョンウン》が支配するようになって以降も、改善された様子は見られません。むしろ、国連や日本の経済制裁の効果もあって、北朝鮮の経済はかなり苦しくなっていると思われます。難民が発生する条件は十分にあるということです。

その証拠が、金正恩体制になって以来、ミサイル発射が増えていることです。

北朝鮮がミサイルを発射するのは、ひとつには武器輸出のためのデモンストレーション、次にアメリカや日本への威嚇《いかく》が考えられます。しかしながらミサイルを発射するのは、非常におカネがかかる。かつては日本にある朝鮮総連を通じて日本から物資を輸入していたのですが、最近の経済制裁で難しくなりました。また朝鮮総連の資金源のひとつである朝鮮学校からの上納も、生徒の減少に加え、日本の地方自治体から補助金が受けられなくなるところも出てきたため、厳しい状態です。

こうしたことから、北朝鮮が暴発する可能性は否定できず、そうなれば日本に大量の難民が押し寄せてくる危険性はあるわけです。

あるいは北朝鮮の流民が38度線を越えて韓国に侵入し、これにおされた韓国の人たちがドミノ倒しのように日本に逃げてくる可能性も否定できません。

実際に1948年の済州島《さいしゅうとう》四・三事件では、韓国政府が島民を大量虐殺したため、多数の島民が日本に逃れてきています。また1950年に始まった朝鮮戦争でも、密航者を含む多数が朝鮮半島からやってきました。その数は朝鮮統治時代から含めて、40万人にものぼると言われています。

さらに2月13日の金正男《キムジョンナン》氏の暗殺事件をきっかけに、北朝鮮内で動揺が起きるかもしれません。その前日の12日朝に平安北道《ピョンアンプクト》・亀城《クソン》から弾道ミサイルが発射されたのは偶然でしょうか。そして中国は、このように暴走する北朝鮮への圧力を示すためでしょうか、年内の石炭の輸入を禁止しました。

孤立する北朝鮮にもし反動で動乱が起きたら、日本は現実的な危険に直面するわけです。「難民」の中に、北朝鮮で軍事訓練を受けたテロリストが紛れていたら……。現実にヨーロッパで起こっているテロを見ていると、誰がそれを「対岸の火事にすぎない」と否定できるのでしょうか。

中国人が蜂起したら……

このように北朝鮮の崩壊は十分に恐ろしいのですが、これ以上に恐ろしいのが中国人の蜂起でしょう。

２０１０年に施行された中国国防動員法は、中国国内のみならず海外にいる18歳から60歳までの中国人男性及び18歳から55歳までの中国人女性を対象とし、全国人民代表大会常務委員会が決定する動員令の下で国務院、中央軍事委員会が動員工作を指導することを規定しています。

もし中国国防動員法が発動されたら、日本はどうなるのでしょうか。

これにまず対応するのは日本の警察ということになりますが、都道府県警察官の定数は政令定員と条例定員の合計で51万３２５９名（２０１６年４月１日現在）。ただし、この全員を動乱に動員することは不可能です。日本の自衛官の定員数は24万７１５４人ですが、実際には22万７３３９人に過ぎません（いずれも２０１６年３月31日現在）。

一方で２０１５年末現在での中国籍の在留者数は66万５８４７人にものぼります。

もちろんその多くは、普段は日本の治安問題とは無関係に生活しています。しかしいったん中国政府が動員令を発動すれば、何十万人もの中国人が一斉に蜂起することになるわけです。その恐ろしさは、これまで中国人が行ったデモから想像することは不可能でしょう。

たとえば2017年2月5日、ビジネスホテルを展開する大手のAPAグループがホテルの各部屋に日中戦争中の南京大虐殺を否定する書籍を置いていることに対して、日本にいる中国人が東京でデモを行いました。その参加者数は約100人と報道されていますが、もちろんこれは中国政府からの指示があったわけではありません。

しかし中国政府からの動員があれば、これに逆らって参加しない場合には刑罰に処せられることになっています。その恐怖でもって中国政府は、日本国内の全中国人を動かすことができるわけですが、その対象は在住者ばかりではなく、年間500万人にも及ぶ中国からの旅行者の数も加えることになります。その中には特殊な訓練を受けた工作員も含まれている可能性もありえるのです。

実際に、北海道のスキー場や水源地、都内のマンションなど中国人による日本の不動産の買い占めが続いています。なんとなく中国がそれを起点として日本占領を狙っているような気がするのは、私だけでしょうか。

そもそも移民政策は日本に資するのか

しかしながら近年、少子化にともなう労働人口の減少や最近の人手不足問題について、「移民で労働力問題を解決しよう」という意見が出てきつつあります。また政府も自民党も、外国から労働力を導入することで経済の活性化を図るということを考えていますが、果たして移民政策を導入すれば、日本はよくなるのでしょうか。

実際に移民受け入れの先進国であるドイツでは、こういう事例がありました。

ドイツでは国内の労働力を補うために、１９５０年代から１９７０年代にかけてトルコや南欧から移民を受け入れたのです。

ところが言語や宗教などの問題があり、移民の失業率は12％にまでのぼりました。

その一方で、ドイツは「労働力だけ」を入れるつもりだったのに、移民は本国よりも高い福祉政策に引き付けられ、子どもを産んでいついてしまったのです。

そうなれば、失業保険や子どもに対する手当など、ドイツ政府の負担は増大していきます。さらにドイツ人がこれに不満を持ちました。

というのも、ドイツ人は先進国の常として子どもが少なくなっていますが、移民は子だくさん。どうしても福祉は移民に厚いことになります。

「我々が払った税金が、我々ドイツ人の子どもに使われるのではなく、移民の子どもに使われる」

そういう不満がドイツ人の間で噴出したのは、当然のことといってよいでしょう。

日本も少子化が進んでおり、多産の移民が増えることで、同じような社会摩擦が生じる可能性もあるのです。まだ移民政策を行っていないにもかかわらず、生活保護についてはすでにその「被害」は発生しています。

２０１０年６月に大阪に住む年配の中国系の姉妹のところへ、48名もの親戚が押し寄せました。入国の目的は姉妹の介護でしたが、大阪入国管理局は彼らを審査した結果、１年以上の定住資格を与えました。

その後に彼らがやったことというのは、日本で真面目に働くことではなく、生活保護の申請でした。48名のうち46名が申請し、なんと32名が受給資格を得ることができたのです。

また国民健康保険を使って、高額治療を格安で受けようとする人もいます。

現行法では外国人であっても３か月を超える在留期間を持ち、適用外の要件に該当しないなら、国民健康保険に加入できることになっています。医療目的で滞在する外国人は「適用外」となっていますが、厚生労働省はそうした外国人を排除することができません。外国人の地位に関する問題を管轄するのは法務省だからです。

このような外国人の入国や生活保護の受給は認められるべきものではありませんが、法の隙間をうまくかいくぐり、形式だけ整っていればよいとするお役所仕事の裏をかいたといえます。

こうした悪質な外国人を排除するためにも、安易な移民は認めるべきではありません。私は断固として移民政策に反対です。

これほど悪質でなくても、こんな事例もあります。

たとえばブラジリアンタウンのひとつである、群馬県邑楽《おうら》郡大泉町です。私は先日、移民の実態を視察するために、大泉町に行ってきました。

２０１６年12月現在の同町の住民基本台帳によると、大泉町に住む外国人は男性が３８８３人、女性が３２９７人で合計７１８０人にのぼります。同町の人口は４万１５６８人なので、外国人の占める割合は実に約17％にもなるのです。

なぜ群馬県大泉町に外国人の居住者が多いのか。それは富士重工や三洋電機などの工場が多く、かねてから多数の外国人労働者を受け入れてきたという経緯があります。

さらに1990年に出入国管理及び難民認定法が改正され、日系2世や3世、その家族に対してビザの発給が認められ、労働が容易になったからです。

その理由はバブル経済でした。国内での労働力の不足を海外からの労働者で補おうとした結果、こうした地域の外国人が激増したのです。

しかしバブルの崩壊とともに、彼らの問題がもちあがってきました。それまでは町に企業からの法人税が落ちており、町財政は潤っていましたが、それがなくなったのです。そしてかねてからの生活習慣の違いからくるトラブルが顕在化したのです。

それればかりではありません。

こうした〝移民〟たちは日本の労働事情も理解せずに来るのです。そもそも外国人労働者に万全の社会保障をほどこしている企業はさほど多くはありません。よって怪我や病気になって働けなくなった場合にどうすべきなのかについて、対処法がわかっていません。

最終的には国民健康保険ということになりますが、職のない彼らに保険料を支払うことはできません。またもっと生活に困窮すれば、生活保護を支給しなければならなくなります。

では彼らがブラジルに帰れば解決するのかといえば、そうではありません。ブラジルに帰国しても職がないのです。

　このように外国人が意図せずに貧困に陥り、さらに地域の日本人の負担が増えるという「悪循環」を示す事例が相次いでいます。外国人労働者を受け入れるということは、地方でこうした問題が出てくることを覚悟しなければならないことになるのですが、果たして予期した上での受け入れだったのでしょうか。難民や移民の受け入れは、そう簡単なことではないのです。

アメリカのトランプ大統領が誕生し、難民排斥は世界の潮流になりつつある

　1月20日にアメリカ大統領に就任したドナルド・トランプ氏がただちに出した大統領令のひとつが、7つのイスラム諸国からの入国制限令です。私はこの法令に100%賛成するものではありませんが、国家の安全の観点から一部の国を警戒するという政策は理解できます。

　そもそも大統領選で当初、「本命」とはほど遠かったトランプ氏が当選した原因は何でしょうか。私はアメリカ国民がテロに疲れており、自信を喪失しているという点が原因だと思います。

アメリカはもともと移民で成立した国家です。本来なら外国からの人の流入については、極めて寛容な態度を示したはずでした。

しかし2002年の同時多発テロに始まったイスラム過激派との一連の戦争で、アメリカはすっかり疲弊してしまったのでしょう。また禁止しても禁止しても国境を超えて入ってくる、違法移民の存在が経済や社会に与える影響におびえているのかもしれません。

その象徴的なものが、メキシコ方面へ続くハイウェイにある、人が手を繋いで歩いているのを示す看板です。

日本では高速道路には鹿やいのししの図を使った「動物に注意」という看板があります。運転中にこうした動物たちが不意に出てきてぶつかってきかねないというのを警告しているのです。メキシコ近くではそれが、国境を超えてやってくる人になるわけです。

アメリカのハイウェイは何車線もあるため、自動車はびゅんびゅんとスピードを上げて走っていきます。一方で道路がまっすぐなので、接近しているのがなかなかわかりにくい。ですので、ハイウェイを横断する事故が多発しているのでしょう。

そうした危険を冒しても、アメリカに入国したい人たちがいます。低賃金の仕事に従事し、アメリカ人の雇用を脅かします。それまでは英語が公用語でしたが、最近では新たにスペイン語が付け加わりました。

それはまるで自分たちの国を侵奪されているような危機感なのかもしれません。

その一方でトランプ氏は、サウジアラビアやエジプトなどを入国制限対象国からはずしました。これについてメディアは、「トランプ氏が投資している国を意図的に除外した」と批判しましたが、それは適当ではありません。そもそもサウジアラビアやエジプトはアメリカとの経済関係が強い国ですが、入国制限がかけられたイラクやイランなどはさほど強くはありません。ここで留意しなければならないのは、国民にとって不利な移民は排除し、国の経済に資する移民は入れるという選択がある点です。

この動きはアメリカだけではありません。

2017年にはフランスで大統領選が行われますが、極右と位置づけられる国民戦線のマリーヌ・ル・ペン氏が台頭しています。国民戦線はル・ペン氏の父親のジャン・マリー・ル・ペン氏が1972年に創設した政党で、当時のアルジェリア独立反対派などが結集して作られたものです。

当初の国民戦線は激しい移民排斥などで知られていましたが、いまはソフト路線を展開し、フランス文化を尊重する移民なら認め、フランス国籍を持っていても、犯罪を侵すような移民は本国へ強制送還するなどの政策をとっています。

要するに国家のアイデンティティを守ることを主眼とし、その治安を乱す異分子を排除するという趣旨なのです。

もっと興味深い政策をとっているのが香港です。

香港では東南アジアから多くのメイドを受け入れていますが、妊娠すれば母国に強制送還されるそうです。子どもを香港で産んで、いつかれることを防止するためです。

香港のように土地が狭く、経済水準が高いところでは、低所得者の居住者の増加を防止しなくてはならないのでしょう。同時に「労働力は必要だが、人間はいらない」というドラスティックな中国思想がよく表れている事例だと思います。

さてトランプ大統領の誕生やル・ペン氏の台頭というような右派勢力優勢の流れは、年内に行われるドイツの総選挙にも影響を与えるのは間違いないでしょう。ドイツでは前述したように、メルケル首相が2015年にいちはやく、地中海を渡ってヨーロッパに逃げ込むシリア難民救済を表明しましたが、その政策は失敗に終わり、総選挙では移民排斥を訴える勢力が優勢になると予想されています。

このような中、日本の野党だけが「共生社会」などと夢のような話をしています。

もちろん日本は昔から寛容の国であり、周辺国からさまざまな文化を導入し、それを自国文化に昇華してきたという歴史があります。その中でいろんな人材をも受け入れてきたのです。

ここで注視すべきは、かつての日本も無制限に外国文化を入れていたわけではないことです。もちろん島国という地理的条件のために、なんでも勝手に入ってきたわけではなく、幸いにして優れた技術者や優秀な学者のみが日本に渡り、日本文化の基礎作りに貢献してきたのです。

私はこの伝統は守るべきだと思います。

といっても、「日本はもっと難民を受け入れるべきだ」という批判は多々あります。実際にデンマークに行った時も、「日本は難民を受け入れていないではないか」と批判されたことがありました。

そのような批判は高学歴のエリートに共通するものです。彼らはヒューマニズムの観点から、「難民を受け入れるべきだ」と主張しているわけです。しかし難民が社会の大きな負担となっている事実については、はっきりと実感しているわけではありません。むしろ高学歴ではない難民と福祉や労働市場で競合する人たちの方が、難民や移民に強い脅威を感じているのです。

そうした肌の感覚がじわじわと社会に浸透し、トランプ大統領やル・ペン氏のような政治家の支持に繋がっているわけです。

しかしこれらはまさに、日本が移民に対して無意識にとってきた態度ではないでしょうか。そしてそのおかげで平和と繁栄を実現し、享受してきたと思うのです。

確かに難民救済は大事ですが、それは受け入れではなく根本的な問題に取り組むことで解決すべきでしょう。移民を希望する人たちも、母国で暮らせるならその方が幸せです。日本はその先駆的な提唱者として、これからも尽力していくべきだと思います。

第四章

蓮舫氏は働く女性の味方ではない

イメージアップのテレビ出演のはずが……

２０１６年は女性の政治家が注目された年といえるでしょう。

世界に目をむければ、まずドナルド・トランプ氏に敗北したものの、アメリカ大統領選に出馬したヒラリー・クリントン氏。またイギリスでは保守党党首のテリーザ・メイ氏が史上2人目の女性首相に就任しました。イギリスのＥＵ離脱の是非をめぐって6月23日に執行された国民投票で、僅差《きんさ》で離脱を可とする結果になり、デービッド・キャメロン前首相が引責辞任したためです。

さらに、２０１７年のフランス大統領選で有力視される国民戦線のマリーヌ・ル・ペン氏もそのひとりです。もし彼女が、大統領になれば、旧敵ドイツのメルケル首相とは女性政治家同士となりますが、リベラル志向の強いメルケル首相とどうおりあっていくのか、彼女の一挙手一頭足が話題となりそうです。そのメルケル首相と、ドイツの国民戦線と言われる「ドイツのための選択肢」の女性党首、フラウケ・ペトリー氏との対決にも注目です。

一方で日本でも、女性政治家が注目されました。

２０１６年7月31日に行われた東京都知事選では、出馬を巡って自民党東京都連と対立・決裂した小池百合子《こいけゆりこ》氏が当選しました．また9月15日には、岡田克也《おかだかつや》氏に代わって民進党の新代表に蓮舫《れんほう》氏が選ばれています。

クラリオンガールから芸能界に入り、タレントやニュースキャスターを経て政界入りした蓮舫氏の強みはその知名度だといえるでしょう。

蓮舫氏は初出馬の２００４年の参院選では92万４６４３票、民主党が与党だった２０１０年の参院選では、１７１万７３４票も獲得しました。民進党の支持率がいまいちの２０１６年の参院選でさえ、東京選挙区で１１２万３１４５票を獲得し、同選挙区で２位の自民党の中川雅治《なかがわまさはる》氏に23万票余もの差を付けています。

我々は選挙に出る時、まずは有権者に顔と名前を覚えてもらうのに非常に苦労しますが、蓮舫氏はそういう苦労をする必要がないわけです。これは全くうらやましいとしかいいようがありません。その知名度を最大限に生かし、メディアの使い方はお手の物だという自信があったのでしょう。

しかし心が緩んだ時に、〝魔〟はつけ込みます。

たとえば２０１６年11月18日に放映されたＴＢＳの「中居正広《なかいまさひろ》スペシャル　金曜日のスマ

イルたちへ」への出演です。実際、これを見て私は驚きました。あれが民進党の広報戦略なのでしょうか。

もちろん政治家がテレビに出演することはよくあります。私も時々討論番組などに出演させていただいています。またゴールデンタイムのバラエティ番組は、多くの人に見てもらうチャンスともいえるでしょう。でもあの内容ではどうなのでしょうか。

あの番組に出演することで、果たして民進党や蓮舫氏自身のイメージアップに繋がったのでしょうか。ましてや、当時は第192回臨時国会が開会している最中です。「バラエティに出演するほど暇なのか」との批判を恐れなかったのでしょうか。私ならああいう形では出演することはまずありえません。

というのも、あの時にたとえあのテレビ番組に出演して存在を露出させるという選択が正しかったとしても、次の2つの点で蓮舫氏は間違ったと思います。まずはご主人を貶めてしまったことです。

番組内ではご主人の存在感はまるでありませんでした。部屋に掛けられている1年に1枚ずつ撮影した記念写真の前で、「フェイドアウトするんじゃないですか、そのうちいなくなるとか」と発言し、結婚記念日もプロポーズの言葉も「覚えていない」と真顔で断言。まるで「夫なんて邪魔な存在でしかない」と言いたげでした。

しかもお嬢さんが顔だしして、自分の父親をこけ降ろしているのです。

もちろん身内を謙遜《けんそん》して述べることはよくあることです。私は夫を「世界で一番かっこいい男性」とか「世界で一番尊敬している」などと本心では十分に思っていますが、それを公言するとなると、とても気恥ずかしくてできません。なので、とうてい人様には口に出して言えないことだと思っていますし、実際に言ったこともありません。

ですから身内に関しては一定の謙遜はありえる話ですが、自分の夫を公の電波であそこまで貶めるのはとても珍しいことだと思います。また結婚記念日やプロポーズに関する発言も、照れ隠しから出た言葉ならいいですが、そうでなくて真顔で堂々と言われたら、ご主人の立つ瀬がなくなってしまい、たまらないでしょうね。

さらに、お嬢さんが「ママがここで、私と琳《りん》（兄弟）がここで、犬3匹がいて……」と家庭内ヒエラルキーを上から下まで手で指し示し、「パパはここ」と犬の下に示した猫よりもはるか下に父親を置いた時、蓮舫氏はそばでお嬢さんを注意することもなく、へらへらと笑ってばかりいました。

共産党との共通点が見える

おそらくあれは普段から家庭内で話していることが表に出ただけなのでしょう。共産党の藤野保史《ふじのやすふみ》政策委員長（当時）が2016年6月にNHKの「日曜討論」で、防衛予算を思わず「人殺し予算」と言ってしまったのと何ら違いはありません。

藤野氏は番組内でその発言を石田祝稔《いしだのりとし》公明党政策委員長や大阪維新の会（当時）の浅田均《あさだひとし》政策調査会長らからたしなめられ、発言の撤回を求められましたが、ことの重大さを理解できていないようで、きょとんとしたまま黙っていました。おそらく、藤野氏にすれば「普段から『人殺し予算』なんて、共産党内で普通に言っていることだ。どうしてそれが悪いのか」というくらいの認識にすぎなかったのでしょう。しかしこの後、共産党本部には藤野氏の発言について抗議の電話が殺到したそうです。「すぐに議員辞職せよ」というものまであったため、事の重大性を憂慮した共産党は藤野氏を政策委員長から更迭しました。

蓮舫氏のお嬢さんが嬉々として父親を貶めている姿は、どうしてもこの時の藤野氏の舌禍《ぜっか》事件のシーンに重なってしまうのです。

きっとこの時のお嬢さんも、悪気があったわけではなかったのでしょう。ただ普段から父親に対し、母親などが侮蔑《ぶべつ》の言葉を使っており、それが「ごく日常の普通のこと」になっていたのではないでしょうか。

だから「パパは格下」ということを口に出して言っても、何が悪いのかが全く理解できないのではないでしょうか。厳しい言い方かもしれませんが、善悪の区別がついていない、要するに「親の躾《しつけ》がなっていない」のです。

でもお嬢さんも20歳。そろそろお年頃ですし、親しいボーイフレンドの1人や2人はいるかもしれません。

しかし父親を軽く見る娘なんて、どこのおうちがお嫁さんにほしいと思うでしょうか。娘は母親の鏡です。母親の日常の言動や考えのすべてを映し出します。結婚すれば、夫の扱いも似てくるのです。

そういう家庭に生まれ、父親をじゃけんに扱う女性を妻に迎えたい男性はいるでしょうか。そういう女性を息子の嫁にと考える母親はいるでしょうか。

実は番組を見て、私は蓮舫氏のご主人よりも、お嬢さんが気の毒だと思いました。ご主人は自分で選んだ妻だから、どんな待遇を妻から受けてもある意味でやむをえません。しかし子どもは親を選べません。

番組の中で蓮舫氏は「子どもにはマナーをしつけている」と胸を張っていましたが、肝心なところが抜けているとしか思えないのです。

親として基礎的な子どもへの配慮がない

さらにお嬢さんについてもう一点、私は恐ろしいと思ったことがあります。

というのも、蓮舫氏はタレント出身の政治家ですから、顔も存在も大勢に知られています。ある意味で人気商売ともいえるわけですから、それも仕方はありません。しかしお嬢さんはタレントでもなく政治家でもない一般人です。身近な人たちから「蓮舫の娘」と認識されることがあっても、それ以上にプライバシーを曝《さら》す必要はありません。

そもそも政治家にはリスクがあります。公の場で言論で勝負しているだけに、敵も多いのです。いまは議員ではない私でさえ、ＳＮＳでさまざまな意見がぶつけられ、時には攻撃を受けたりすることがあります。

もっとも一時は公職にあったため、自分自身に対する嫌がらせや脅迫を受けるのはある程度は覚悟できますが、自分の家族にそれが及ぶのは耐えられません。「もしも」という危険性も常に考慮し、十分に警戒しています。

私でさえこのように気を付けなければならないわけですから、ましてや蓮舫氏の娘となると注目度も上がります。

蓮舫氏はお嬢さんがテレビ出演したことについて、「出演については本人に出るかどうか聞いた」と会見では言い訳していました。「長女がタレントとして売り出すきっかけにした」とも噂されましたが、タレントとして売り出すなら話は別ですが、まだ社会にも出ていない19歳の女の子がテレビで顔を曝した結果どうなるかについて、予想できるはずもありません。

ましてや二重国籍問題で、蓮舫氏のみならずお子さん方も巻き込まれがちです。政治家以前にまず母親として、お嬢さんや息子さんのプライバシーを守ることに務めていただきたいと思います。

ちなみにこの時の視聴率は、さほどよくなかったそうです。現在の蓮舫民進党の低支持率を見れば、国民が「おためごかし」を拒否した結果といえそうです。

「私は神様に選ばれた存在」というおごりたかぶり

このように、さまざまな批判があり、問題をはらんだ蓮舫氏の番組出演ですが、私は番組内で蓮舫氏が「効率性を重視したい」と言っていたことがひっかかりました。蓮舫氏の場合、不要だと思ったものを捨て去る結果、日本人として大事なものまで捨ててしまっているのではないかと懸念したのです。と同時に、そんな彼女の「過剰なまでの自信」について、思い出したことがあります。

それは私が長女を生んだ時のことです。実は私と蓮舫氏は生まれた年がともに１９６７年と同じで、子どもを産んだ年も１９９７年と同じです。

もっとも蓮舫氏の出産の方が私よりも早かったのです。私が出産のために入院していた時、手にとった育児雑誌には母親となった蓮舫氏のインタビューが掲載されていました。

熱烈なファンではなかったものの、蓮舫氏の名前と顔くらいは知っていましたので、それをざっと読んだ記憶があります。

当時の蓮舫氏は女子大生タレントからニュースキャスターに転身した後、北京大学に留学し、男の子と女の子の双子を出産していました。記事には「私はとても忙しい。だから神様が短時間で育児をすませられるように、双子を授けてくださった」という趣旨の内容が書いてあったと記憶しています。

間もなく母親となろうとしていた私にとって、この記事の表現は違和感がありました。というのも、子育て期間は客観的に限られたものではないと思うからです。子どもを産んだ以上、親はその人生にも責任が出てきます。授乳期が終わったから、おむつがとれたからといって、子育ては終わったとは限らない。むしろそこからいっそう、子どもと向き合わなくてはいけないことも出てきます。

さらにいえば、1人の赤ちゃん以上に双子の赤ちゃんは物理的に手間がかかります。おしめや授乳の時間もかかるし、洗濯物も2倍。それぞれが別にぐずれば、その都度対応しなくてはならないのです。

もちろん苦労以上に喜びがあるのが子育てなのです。子育てはいわば試行錯誤。そうやって親も成長するのでしょう。ですから子育てを「効率性」でもって評価する蓮舫氏の考えには全く賛同できませんでした。

もっともこの時には同じ時期に国会でお仕事をすることになるとは夢にも思わず、漠然ながらも「タレントで名前が知られているので、えらく思いあがっているんだろうな」という印象を持った記憶があります。でもそれからは、すっかりと忘れていました。

再度思いだしたのは、蓮舫氏が民進党代表に就任した時です。得意満面のその表情に、「私は神様に選ばれている」と言いたげだったあの時の記事を思い出したのです。

しかし蓮舫氏は神様に選ばれた存在なのでしょうか。神様は民進党を救うために、蓮舫氏を代表に押し上げたのでしょうか。また野党第一党である民進党の代表を足掛かりに、日本の首相を狙うとでも言いたいのでしょうか。

いずれも疑問だと思わざるをえません。

それに、「効率性を重視している」という蓮舫氏の政治手法は、必ずしも成功しているとは思えません。期待されていた支持率は全く上昇していませんし、ましてや安倍内閣を脅かすなどほど遠い状態です。党運営の迷走ぶりは報道されている通りです。

こうして蓮舫氏の政治の場における軌跡をたどると、むしろ「効率性」とは程遠いのではないかとしか思えません。

次にそれについて具体的に述べたいと思います。

二重国籍問題をどうにかしなさい！

果たして蓮舫氏が民進党の党首として適切なのでしょうか。もっとも他党のことですから、本来は私が口を出すべきではないでしょう。

しかし日本国民として、日本が正しくよい方向に進んでいってほしいと常に願っている私には、民主主義が機能するために、まともな野党が必要だと主張する資格があると思います。その野党として、民進党は適切なのでしょうか。さらに野党第一党の党首として、蓮舫氏は適切なのでしょうか。

まずは代表就任前から問題視された二重国籍問題について見ていきましょう。

蓮舫氏の二重国籍問題が話題になったのは、2016年8月のことでした。ニュースサイトの「アゴラ言論プラットフォーム」に掲載された八幡和郎《やはたかずお》徳島文理大学教授の寄稿が発端です。

もっとも、「蓮舫氏が台湾籍を持っているのではないか」という噂は、かねてから存在しました。

理由は蓮舫氏がタレント時代にさまざまなメディアで発言した内容です。たとえば1997年のクレア（文藝春秋）のインタビュー記事「（現在留学中）蓮舫の在北京的妊娠生活」で、蓮舫氏はこのように答えています。

「私は中国人の父と日本人の母の間に生まれたんですが、父親が日本人として子どもを育てたので日本のことしか知らないし、日本語しか話せない。それが自分の中でコンプレックスになっていました。だから自分の国籍は台湾なんです」

ここで疑問なのは、父親を「中国人」と述べていることです。

日本では一般的に、「中国人」というと中華人民共和国籍を意味します。蓮舫氏の父である故・謝哲信《シャテツシン》氏は台湾籍の華僑なので、日本でいえば「台湾人」が適当でしょう。「中国人」というと誤解を招いてしまうのです。

こうしたナイーブな問題を、日本で生まれ、日本で教育を受けた蓮舫氏が知らないとは思えません。実際に「自分の国籍は台湾だ」と述べているわけですから、中華人民共和国と峻別する意識はあったと見るべきでしょう。

そして蓮舫氏は2004年の参院選で初出馬した時、選挙公報に「1988年　台湾から帰化」と記していました。帰化とはかつての国籍を捨て、新しい国籍を取ることを意味します。蓮舫氏が生まれた1967年は、日本の国籍法がまだ父系優先主義をとっていて、父親が台湾籍だった蓮舫氏には日本国籍は与えられませんでした。

しかし日本が女子差別撤廃条約を採択した結果、母親が日本人である蓮舫氏に日本国籍が与えられます。これはすなわち国籍の「付与」であって、厳密な意味での「帰化」ではありません。当時まだ民進党代表だった岡田克也氏が、これに乗じて蓮舫氏の二重国籍問題を回避しようとしたことがありましたが、それはまた別の意味で問題になったのです。

というのも、蓮舫氏は選挙公報で「帰化」と記載しており、「帰化ではない」となると、公職選挙法の「虚偽記載」に該当する可能性があるからです。

もちろん蓮舫氏が初出馬したのは2004年のことで、いまではすでに時効にかかっているでしょう。それでも公党の代表になろうとする人間が、議員の資格が問われる法律違反を侵していたとするなら、とんでもない問題です。どちらにしろ、蓮舫氏はいままで自分の戸籍問題についてきちんとした説明をしてきませんでした。理由はただひとつ、できるはずがないからです。

でも、それでは困るのです。いくら野党とはいえ、蓮舫氏は公党の代表です。日本国憲法が規定する通り、「全国民の代表」である国会議員です。そもそも国会議員は、国に忠誠を誓わなくてはいけないはずです。ましてや野党第一党党首として、万が一政権を獲得した場合には首相の地位に就く可能性がゼロではないわけですから、国籍については神経質すぎるほど神経質になってしかるべきだったでしょう。

一方でこのまま逃げ切るためには、他の手段もあったのです。

民進党は「多様性」をモットーとしていますので、「別に外国籍を持っていようとも、日本の首相になれる」と開き直りもできたはずです。実際に現行の公職選挙法によれば、立候補の要件として日本国籍の保有は明記されていますが、外国籍については書いてありません。

これは「法の欠陥」なのですが、それでも「違法」ではないわけです。もっともそれで、国民の多くが納得するか否かはまた違う問題となりますが。

このように考えると、女性政治家が活躍してくれるのは同じ女性として喜ばしいことと思いますが、蓮舫氏が「活躍」すればするほど、日本の女性の社会進出についてマイナスになるとしか思えません。知名度と上昇志向は人一倍あるが、したたかさも戦略もなく、逃げ切ることしか考えない。しかも自分の失点を忘れることだけ長《た》けている。こうした政治家を放置していいのでしょうか。

とんでもない事件は代表の危機管理の甘さから

以上で述べたように、蓮舫氏は全く危機管理能力ができていないわけですが、それを許している民進党もいかがなものでしょうか。

そしてその甘さは、とんでもない事件を生み出しました。

「舞台女優を歌舞伎座ホテルへ引っ張る『民進党代議士』のすごい言い訳」

２０１６年12月21日発売の週刊新潮がこのような刺激的なタイトルを付け、青年局長だった初鹿明博《はつしかあきひろ》衆院議員の醜聞を報じたのです。

その内容は、初鹿氏が劇団所属の20代の女優さんを気に入り、２度目に食事に行った時、帰りにホテルに連れ込もうとしたということです。

記事に添付された写真では、食事の際の初鹿氏のご機嫌な様子と、初鹿氏に手を引っ張られてホテルに連れ込まれるのを抵抗する女性の姿が写っていました。

これを見てとんでもないと思いました。

そもそも初鹿氏は47歳で、相手の女性とはおよそ20歳も離れています。親子といってもいいくらいの年齢差があるのです。娘といってもよいくらいの相手にこんな破廉恥な行為をして、恥ずかしくなかったのでしょうか。

次に初鹿氏の言い訳です。週刊誌はこういう場合、たいてい最後に本人に「当て」てきます。その時の対応により、記事の印象が左右されることになりますが、初鹿氏の場合は最悪でした。

それは引用するのもおぞましい内容でした。しかも初鹿氏に反省の色が全く見られませんでした。

さらに問題は、民進党の危機管理の乏しさです。

一般に週刊誌の場合、発売の前日に「早刷り」といって、関係者の一部に出回ります。これを入手すれば初鹿氏の記事も事前に内容を把握できていたはずで、何らかの対処ができたはずでした。

ところが民進党はこれを放置し、20日には初鹿青年局長の進行の下で、新しいゆるキャラの最終発表会を行っています。

初鹿氏が野田佳彦《のだよしひこ》幹事長に叱責されたのはその翌日で、週刊新潮が発売された21日でした。その日の午後に初鹿氏は青年局長の辞任届を出しましたが、事件はすでに広まっていました。すべて後手後手にまわった危機管理の甘さ。これは蓮舫氏が率いる民進党の甘さそのものといってもいいのではないでしょうか。

反省なしの蓮舫体制に、将来はない

しかも民進党の対応が遅すぎるのではないかという批判に対し、22日の会見で蓮舫代表は「そうは思わない」と断言し、反省の色すらも見せていません。前しか見ない視野の狭さを自ら曝したというわけです。

それは代表就任当初から、すでに明らかでした。

まずは新体制の発足ですが、さっそく任命できたのは野田幹事長ただひとり。他は後日ということになりました。

これは蓮舫氏のリーダーシップの欠如に他なりません。その野田幹事長にしても、他から反対が相次いだのです。

まずは代表選で蓮舫氏への支持をいちはやく表明し、勝利への道筋をつけた貢献者といっていい赤松広隆《あかまつひろたか》元農水相です。赤松氏にすれば、代表選で蓮舫氏に恩を売ったのだからという気持ちがあったのでしょう。幹事長指名に際して影響力を行使しようとしたところ、蓮舫氏に無視されたため、両院議員総会を委任状を出さずに欠席しました。

同じく代表選で蓮舫氏を支持した細野豪志《ほそのごうし》元政調会長も、野田氏が幹事長に指名される当日お昼まで反対を表明。両院議員総会の当日まで蓮舫氏に直接抗議していたという話が伝わっています。

代表が党内混乱の原因に

蓮舫氏がさらに混乱させたのが、2016年10月16日に行われた新潟県知事選です。順当なら現職の泉田裕彦《いずみだひろひこ》氏が余裕の4選を果たすべきところを、地元の新潟日報紙の報道が原因で急きょ出馬を取りやめました。よって自民党と公明党が推す森民雄《もりたみお》前長岡市長と共産党、自由党、社民党および新社会党や緑の党が推薦する米山隆一《よねやまりゅういち》氏との一騎打ちとなったのです。

米山氏は泉田氏の出馬辞退によって出馬を決めたため、どうしても出遅れ感がありました。民進党も東京電力柏崎刈羽《かしわざきかりわ》原子力発電所の再稼働問題が絡んでいたため、反原発を唱える米山氏を支援しづらかったのは事実です。ところが蓮舫氏は、投票日の前々日である10月14日に新潟入りし、米山氏を応援しています。

突如のパーフォーマンスをしかけたのは、選対委員長を務める馬淵澄夫《まぶちすみお》氏だったといわれています。幹事長の野田氏はもちろんこれに反対しましたが、蓮舫氏はいうことを聞かなかったそうです。

きっと、勝ち馬に乗って、支持率を挽回したかったのでしょう。しかしそうはうまくいきません。東京電力は民進党の重要な支持母体である連合のメンバーです。さっそく連合は反撃に出ました。

その結果、民進党が公認した鈴木庸介《ようすけ》氏は、小池百合子東京都知事の衆院議員辞任を受けて10月23日に投開票された東京10区補選で、小池知事の後継者である若狭勝《わかさまさる》衆院議員に2万8000票以上の差をつけられてボロ負けします。初日には鈴木氏を応援した連合東京の岡田啓《けい》会長は、とうとう選挙戦最終日にはその姿を見せませんでした。一部のメディアは「激怒した連合東京が投票日前に一斉に選挙応援から手を引いた」と報じています。

その後、野田幹事長が神津里季生連合会長に謝罪しましたが、神津氏は二階俊博《にかいとしひろ》氏に会うなど、かえって自民党との関係を濃密なものにしていきました。

これに懲りたのでしょうか。これ以降の地方選挙では、民進党の行動は極めて抑制的です。

それは2016年12月25日投開票の国立《くにたち》市長選で見ることができます。副市長だった永見《ながみ》かずお氏と元市議の小川ひろみ氏の一騎打ちとなったこの選挙は対立構造が新潟県知事選と似ていましたが、1万5462票対9907票で、永見氏の勝利となりました。

共産党、自由党、社民党の他、緑の党や生活者ネットなどの応援が付いた小川氏は力及ばずで、新潟県知事選の奇跡が再現することはありませんでした。

これに民進党は推薦も出さず、支援もしませんでした。

さらには22日夕方に予定されていた辻元清美《つじもときよみ》氏の応援もドタキャンさせています。

これについて蓮舫氏は22日の会見で、「地方の選挙は地方の都道府県連が決めることで、党本部が関知することではない」と明言しました。しかし民進党は2016年7月の東京都知事選で、東京都連が候補に決めた古賀茂明《こがしげあき》氏を棚に上げ、鳥越俊太郎《とりごえしゅんたろう》氏を急きょ擁立したという「経緯」があります。そもそも前述したように、蓮舫氏自身にしても、新潟県知事選に応援に入っているではありませんか。

こういうふうに言動が全くフラフラした状態で、国民の支持率が上がると思っているのでしょうか。2016年9月の代表選で、蓮舫氏は「私が代表になれば10%は支持率が上がる」と述べたとされています。しかし支持率は岡田克也氏が代表だった時代と変わらず。むしろ岡田代表の時よりも、執行部のふらつきが目立っています。

「対案を出す」

そう明言しておきながら、IR法案の審議の時にはなすすべもなかった。衆院を通過した後で党内で議連を立ち上げ、何も審議しなかった。形だけ「アリバイ」のようなものを作っておくやり方で、国民を騙《だま》そうとする手口です。

そもそも二重国籍問題にしても、国民に対する説明ができていない。それでいて、「誤解があって残念だ」と被害者顔で述べている。タレントが演技をするのはいいですが、民進党の代表はタレントではありません。そもそも蓮舫さん、あなたは演技が下手すぎます。

それでいて、「総理大臣になりたい」なんて、よく言えたものです。常識ある日本人なら、そんなおこがましいことを口にすること自体はばかられます。言葉にする前に「こんなことを言ったら、世間の信用を失ってしまう」と警戒するからです。

着物で見る日本文化への無理解

では蓮舫氏が日本の代表として相応しい素養があるかどうか、その例として2017年1月に召集された通常国会での初日を見てみましょう。

通常国会の初日は、和装振興議員連盟（和装議連）に所属する議員は和服を着て、国会議事堂前で記念撮影することになっています。毎年この日になると、議員会館などは華やかで、お正月気分が味わえます。

蓮舫氏は和装議連のメンバーではなく、前年までは和服を着ることがありませんでした。しかし今年は民進党の代表として初めての通常国会を迎えたため、開会式がある初日には和服で登院しようという気になったのでしょう。

しかしこの和装が物議を呼びました。

というのも、蓮舫氏は当初、和服に直接議員バッジを付けていたからです。

国会議員の議員バッジは身分証明であり、国会での通行証です。以前、宮沢喜一《きいち》氏が首相だった時、議員バッジを付け忘れて議事堂に入ろうとしたところ、衛視さんに止められて入れなかったことがあったそうです。宮沢元首相の周りには、秘書官や警備担当者、記者などが付いており、もちろんその衛視さんも宮沢元首相の顔は十分すぎるほど知っていたはずですが、それでも登院を拒否したとか。

宮沢元首相はその時、随行していた他の議員のバッジを借りて、その場をしのいだそうですが、このように議員バッジは絶対に携帯しなければならないものです。

ですから蓮舫氏も、いつも洋服に付けるように議員バッジを付けていたのでしょうが、これが一部の人たちの間で大論争となりました。

というのも、議員バッジを着物に直接付けると、ピンで絹の布地に穴をあけてしまうからです。絹はとてもデリケート。ピンで刺すと穴は元に戻りません。またとても高価なものです。その美しさを保つため、細心の注意をしなければならないのが着物なのです。

着物を着なれている人なら、バッジは帯締めに付けるでしょう。あるいは小さなピンのついたリボンにくくりつけるかもしれません。

いずれにしても着物に直接ピンを留めるのは着物に失礼です。ましてや蓮舫氏の着物はレンタルだとか。他人の着物ならぞんざいでもいいというような扱いには、はなはだ違和感を覚えました。

それとともに私が気になったのは、蓮舫氏の着物の選び方と着方です。まず襟を抜きすぎている点、そして着物と帯のコンビネーションです。いずれも「素人」の着方とは遠いものです。

蓮舫氏が着用したのは、白地の絞りの訪問着でした。白は蓮舫氏のラッキーカラーなのでしょう。普段の洋服でも白をよく着ています。また自分の名前にちなんで選んだのでしょう、淡い色で蓮《はす》が描かれていました。

しかし絞りの着物は、厳密にいえばフォーマルではありません。しかも着物が白で帯が黒系という色の組み合わせは、慶事のものなのでしょうか。さらに柄は蓮舫氏の名前にちなんで薄いブルー系の蓮模様が選ばれましたが、日本では蓮はおめでたいものというよりも、弔事のシンボルです。

そもそも通常国会初日は天皇陛下をお迎えし、開会式が行われる厳粛な日です。そうした場に蓮舫氏が相応しいものを選んだのかどうなのか、私は疑問に思うのです。

かくいう私も、ときどき着物を着ることがあります。アパ日本再興財団主催の第9回「真の現代史観」懸賞論文に応募した論文が佳作をいただいた時、表彰式に着用したのがひとつ紋の付いた母の色無地でした。ひとつ紋が付いた無地は準礼装で、落ち着いた中に帯のセレ

授賞式の写真

クト次第で華やかさも加えることができます。

着物は値段が高いものもありますが、大切に扱えば母から娘に、そして孫にと何代にもわたって着ることができるものです。

私の娘も来年成人式を迎えますが、私が着用し、私の結婚式の時に妹が着用したものを着てもらうつもりです。ファミリーの歴史に華を添える、あるいは思い出そのものとなるのが着物です。また季節の移ろいをその柄で表わし、めでていくという日本の伝統文化がそこに息づいています。

しかし蓮舫氏が着た着物には、そういう趣は感じられませんでした。端的にいえば、「いくら日本人を装おうとしても、にわか

杉田氏の結婚式の写真・妹さんが着用の
振袖は、来年にはお嬢さんが着用

仕立てではボロが出る。日本人は騙されない」ということでしょうか。

「蓮舫代表」が意味するものとは

それでも民進党はあえて多数でもって、蓮舫氏を代表に擁立しました。蓮舫氏の知名度をして支持率を上げることで、党の復活をかけたわけです。では支持率は上がったのかというと、これが全く効果がなかったとしかいえません。

たとえばＮＨＫの調査によれば、岡田代表時代の２０１６年８月の支持率は９％でしたが、蓮舫氏が代表に就任して以降は、10月は９・９％、11月が９・３％、

12月が9%と、ほとんど上がっていません。

直接面接によって聞きとるため、より正確だと評価のある時事通信の世論調査でも、民進党は10月には5・8%、11月は5・9%、12月は4・4%と、依然として停滞したままです。共同通信に至っては、1月末に行った世論調査で、最低の7・3%を記録しました。

7月の参院選では蓮舫氏は、他の候補の応援のためにほとんど自分の選挙ができなかったにもかかわらず、東京選挙区で112万票も得票してトップ当選を果たしたのに、これはどうしたことでしょうか。

そもそも「蓮舫氏には人気がある」ということが、幻想だったのではないでしょうか。

政治の世界では、「悪名は無名に勝る」という言葉があります。無名なら選挙で票が全く入らないけど、悪名ならいくらかは入るのです。そう考えれば、蓮舫氏の「知名度」は「悪名」によるものとは考えられないでしょうか。「悪名」なら好感度に反応する支持率は伸びるはずがありません。

そんな蓮舫代表に対して、民進党内では不満も出てきているという話を聞きます。たとえば2016年9月の代表選の後に、「年内解散説」が流れたことがありました。

この時、「民進党の顔が蓮舫氏では、衆院選を戦い抜くことはできない」という声も上がったのです。就任早々でまだ何も実績を示していない時に、そういう話が出ることは極めて異例です。

もっともそれは事実でもあります。自民党にすれば、民進党の代表が蓮舫氏の方が都合がいいのです。安倍晋三首相は蓮舫氏を「長く代表をやってほしい」と語ったといわれています。自民党にしろ公明党にしろ、蓮舫代表の民進党なんぞ、赤子の手をひねるくらいにたやすい存在だと思っているのでしょう。

一方で、「代表が変わって前原誠司《まえはらせいじ》氏が就任したら大変だ」という警戒の声も、党内では聞こえています。

というのも、前原氏は9月の代表選で、蓮舫氏と闘いました。敗退しましたが、執行部に入ることを断り、独自路線を進んでいます。要するに、いつで臨戦態勢ということです。自民党にとって、民主党代表や外務大臣、国土交通大臣を務めた経験を持つ、政治家としての実績のある前原氏の方が怖いのです。

前原氏は明らかに保守系です。最近は代表選を意識して、経済的にはリベラル系に傾倒していますが、安全保障などの考えは、決してリベラルではありません。

しかし蓮舫氏は完全にリベラルです。２０１６年6月の参院選でも7月の都知事選でも、街宣でまず主張したのは、子どもの貧困対策でした。

だいたい保守ならば、日本の国家を尊重し、国籍問題についてもダンマリを決め込むはずがありません。ただ所属する花斉会《かせいかい》のボスである野田幹事長が保守といわれているために、それを真似ているだけなのです。

このままでは民進党も国も滅びますよ

以上を考えると、果たして蓮舫氏が代表を務める民進党でいいのか、疑問が尽きません。もちろん私は民進党の党員ではありませんが、それでも党の行く末を懸念するのは民進党が公党で、国政に多少なりとも影響力を持つからです。

よって、ひとりの国民として言わせていただけるなら、せめて党のトップには単なるお飾りではなく、実際に国を憂い、なんとか日本をよくしていこうという意欲と能力を持つ人を据えてほしいと思います。

蓮舫氏は自分では「保守だ」と名乗っています。しかし本当の保守ならこれまでのような言動はありえません。本当に国益が何か、日本はどの方向に進むべきかを常に考えているのなら、まずは国籍問題をないがしろにはできません。それにそうした気概はすぐに国民にも伝わり、支持率が上昇するはずです。

保守政治家のふりをしないでいただきたい。日本を憂いているふりをしないでいただきたい。なぜ国民が民進党を支持しないのか、世論調査の数字が上がらないのか。その原因はあなたが民進党の代表でいることが大きいのです。

タレント時代には「私は中国人」と公言していた人間を、日本人として信用しろといっても不可能です。信頼できない政治家に、祖国を任せるほど、日本国民はおろかではありません。

蓮舫氏はすぐに民進党代表を辞めるべきです。

第五章

まやかしの人権主義にだまされるな

左派思想は日本を亡ぼす元凶

世の中には、「悪しき人権主義」というべきものが広くはびこっています。それは魔物のようにいつの間にか我々の近くにしのびより、耳に心地よくその主張が「正論」として響いてきます。

うっかりすると、それに心を奪われかねません。

しかし、彼らが「正義だ」とか「真実だ」などと主張していることに、騙されてはいけません。それは「悪魔の甘いわな」なのです。これまでもそうしたことで日本や日本人が惑わされた結果、とんでもない状況に追い込まれたことが何度もありました。

たとえば1982年に起こった教科書問題です。

事件の発端は1982年6月26日、大手新聞各紙が高校で用いられる教科書が、教科書検定で「（華北への）侵略」から「（華北への）進出」に表現が変更させられたと報道したことです。

これに反応したのが中国や韓国で、中国からは予定されていた小川平二《へいじ》文部相の訪中を拒否してきました。韓国ではメディアが一斉に日本批判を展開したのです。

しかし日本の教科書が検定で、「侵略」から「進出」に変更させられた事実はありませんでした。おかしなことに、当時の日本政府は事実を確認せず、「日本は過去に於いて韓国・中国を含むアジアの国々に多大な損害を与えた」との宮沢喜一官房長官談話を発表してしまったのです。最終的には誤報ということが明らかになりましたが、国外からの圧力があったことは否めません。

なぜこのようなことが発生したのか。私はこれこそ「悪しき人権主義」というものが原因だと思います。

火を付けるのは日本の左翼

この記事を書いたのは大手メディアの記者たちで、社会的にエリートといってよいでしょう。戦後、そういう人たちは「日本は中国や朝鮮半島に悪いことをしてきた」と思いこんでいるのです。

ですから「日本はこれからも悪いことをし続け、中国や韓国の人たちの権利を害する」という視点が職業的構造としてできているのです。

すなわち彼らにとっては、中国や朝鮮半島の人たちは「日本に虐げられた可哀想な人たち」で、そうした被害を報じて日本をこらしめる自分たちは、ヒーローという位置付けをしているわけです。

それに乗じたのが中国や韓国の反日プロパガンダ。なんでもかんでも「歴史問題」にしてしまい、日本に責任を突き付けてきます。こうして日本に対して永遠に謝罪を求め続けるのです。

要するにこうした国の反日は、日本国内の大手メディアが安易な「人道主義」と協力して創り上げているものだったのです。

そしてその人道主義というのは、「中国や韓国とともに日本を批判していれば、自分たちはインテリっぽくてカッコいい」ということです。そこには真実に対する尊敬の念もなければ、歴史に対する正確な理解もありません。ウソをつくことの良心の呵責《かしゃく》すらない、得手勝手な自己満足に尽きるのです。

確かに戦後間もなくのごく一時的ですが、日本に左翼思想がはびこったこともありました。それは初めて外国に戦争で負けたということで、日本人としての誇りと自信を喪失した時代でした。

だけどそれは正しいことではありません。日本は邪悪だったので戦争に負けたわけではないからです。

しかしながら一部の卑屈な人たちは、全く無垢《むく》の同胞の日本人を貶めることにより、人権派、知識人としての自分を誇示することを行い始めました。そのためには、すすんで中国や韓国におもねていったのです。

私がライフワークとしている慰安婦問題も、根源はこれと同じです。もし慰安婦問題が真実なら、多くの「生き証人」がいるはずの戦後間もなくの頃、もっと大きな問題になっていたはずです。

慰安婦問題に火がついたのは、吉田清治《せいじ》という人が創り上げたフィクションがきっかけです。それを「事実」として取り上げたのが朝日新聞です。

もし朝日新聞が「真実を求める」新聞であったのなら、まずは調査を行ったでしょう。しかしそれを怠ったのは、「日本人は朝鮮半島で悪いことをしてきた」という思い込みがあり、「それを国民に教えてやるのは我々インテリの大新聞だ」というおごりがあったのではないでしょうか。

その証拠に、多大な反証があったにも関わらず、２０１４年まで検証することを怠ってきました。事実に対する真摯《しんし》な態度がなかった証拠です。

そして慰安婦問題がようやくねつ造だったことを認めたものの、いまだに真摯な反省はありません。

これらの根底にあるのが左翼思想です。あたかもあらゆる人の尊厳を守っている素晴らしい思想のように喧伝されます。

でもちょっと待ってください。それらは本当に人権を保障するものでしょうか。豊かで平和な生活に資するのでしょうか。

私にはそれは、ある特定の人の言い分だけを主張し、それ以外の人の権利についてはむしろないがしろにしているとしか思えないのです。そうした例をいくつか、これから見ていきましょう。

夫婦同姓こそが家庭の基本

結婚した夫婦がそれぞれ別の姓を名乗るという夫婦別姓制度。それは一見して、個人を尊重しているように思えます。しかしその実態はとんでもない、家族崩壊の根源だといえるのです。

そもそも家族とは何でしょうか。

私にとって家族とは、自分と同じくらい愛しい人たちです。夫は自分が選んだ人生のパートナーですし、親は私を育んでくれた大事な存在、そして子どもは自分を将来へと受け継いでくれる希望です。それはこれまで何代にもわたって繰り返されてきた、血の通った人間の歴史の絆だといえるでしょう。

ですので、基本的に夫婦は一緒に住むべきですし、苗字も同一であるべきです。同じ家族であるというアイデンティティを示す基準は、同居と同姓だと思います。

もちろん同居については、現在の社会では仕事の都合で単身赴任が余儀なくされる場合など、さまざまな理由でもって不可能な場合があります。ですが、同姓は違います。同居が物理的な繋がりであるとするのなら、同姓は精神的な繋がりで、より重視されるべきだと思います。同じ苗字を持つというのは、同じファミリーでいるという「心の絆」だといってよいでしょう。

これについて中国や韓国では女性が結婚しても姓を変えないことから、日本もこれを真似るべきだという意見があります。でもどうして日本が歴史も文化も風習も異なる中国や韓国を真似なければならないのでしょうか。

きちんと認識しなければならないのは、こうした国では女性は個人として尊重されてこなかったという歴史です。すなわちファミリーの中に入れてもらえなかった結果として、結婚しても女性の姓が旧来のままだったわけなのです。あくまで女性は子供を産む機械であり、労働力の担い手でした。よって中国や韓国では女性が独立し、尊重されていた結果の夫婦別姓ではないことに留意しなくてはいけません。

また日本もかつて別姓の時代があったという理由で、夫婦別姓を認めるべきだという意見があります。もちろん平安時代などは通い婚が一般的であったことは知られています。蜻蛉《かげろう》日記など、他の女性のもとに通う男性への複雑な思いを文学に昇華させた作品もあります。

しかし当時はまだ家族制度が完成していなかったのです。しかも当時の女性は経済力を持つことが可能であって、十六夜《いざよい》日記で読みとれるように、相続権も認められていました。その結果、男性に経済的に依拠する必要はなく、むしろ男性の方が「逆玉」により女性側の（実家の）力で出世を遂げていたわけです。

ですから当時の夫婦別姓は、女性が男性と同居する必要もなかったということを背景にしていました。それから社会が発達し、日本の家族制度はより人間関係が密接になったと見ることができます。そうやって日本の文化や風習が構築されてきたことを考えれば、夫婦同姓は日本の伝統の賜物《たまもの》でしょう。よって夫婦は同姓であるべきで、夫婦別姓はこれを破壊するものだといえるでしょう。

ＬＧＢＴは本当に認めるべきなのか

２０１５年3月、渋谷区で「渋谷区男女平等及び多様性を尊重する社会を推進する条例」が成立しました。いわゆるＬＧＢＴ条例です。

これには法的な効果はないものの、同性のカップルが婚姻届と同じような届けを出すことで婚姻と同じ効果を得ることができることとされています。

でも条例のタイトルの文言自体がおかしいですね。「男女平等」と「多様性」という全く別次元のものを同列に扱っています。またＬＧＢＴを対象にするのなら、条例のタイトルにその文言を入れてしかるべきでしょうが、それを類推させるような言葉も全く用いられていません。

さらに札幌市では2017年4月から、条例を作らずにLGBT認定制度を導入することを決定しました。政令指定都市として初めて、この制度を認めたわけです。

私はかつて渋谷区の条例について「不要だ」とブログを書いたのですが、あちこちで取り上げられて大炎上しました。私が言いたいことは以下に尽きますので、ここでもう一度、明確に述べたいと思います。

男女平等は実現しえない妄想

まず、「男女平等は、絶対に実現しない妄想だ」ということです。

というのも、男性に子どもが産めるのでしょうか。赤ちゃんに授乳ができるのでしょうか。これらは絶対的に不可能です。こうした性差による役割分担は神様がおつくりになったものので、人間がそれを否定することはできません。

そもそも子どもを産むために男女が一緒になるのは自然の摂理です。性差があってこそ互いに惹かれあい、結び付くわけです。

もちろん、思春期に一時的に、同性に魅かれることもあります。私も中学と高校は女子校だったので、素敵な先輩に憧れたり、仲のよい同級生と交換日記をしたりしたこともありました。

でもそれは成長期の一過程であって、誰でも大人になると自然と男性に惹かれ、結婚して子どもを産み、家庭を持つわけです。

それなのにＬＧＢＴの権利を主張する人は、権利があることを積極的に啓蒙するために教育の中に取り込もうと主張しています。また、いじめやハラスメントなどの他の問題に転嫁し、一般的な人権被害として主張しています。これは全くばかげています。そもそも成長の途中で最も多感な時期に、同性愛をけしかけるのは疑問に思います。子どもを持つ親としても強く反対したいですね。

また「ＬＧＢＴの権利」というように、新しい人権を作る必要があるのでしょうか。日本国憲法はきちんと基本的人権を保障しており、これはどんな人にも及びます。さらに新しい権利を作るとなると、権利の「インフレ」が生じてしまいます。その上、それはＬＧＢＴではない人にとっての「逆差別」ともなりかねません。これこそ大きな人権侵害とはいえないでしょうか。

もっとも18年間西宮市役所に勤務してきた私からいわせれば、地方自治体というのは非常に忙しいのです。最近では行革で、人員も減らされており、職員1人あたりの仕事量も増えています。

生活保護の不正受給や、児童虐待の見過ごしなどの事件は、地方自治体の職員が忙しすぎるために発生していると思われます。

もちろん、異性同士の通常の婚姻などについては、きちんと対応すべきです。いまや日本は少子化問題が深刻で、国家存亡の危機も招きかねません。それを解消するためには、まずたくさんの人が結婚する必要があるからです。

しかしそういうことではない同性同士の結婚に、異性同士の結婚ほど時間や労力を費やすことは効率的だとは思えません。多忙な職員に、優先順位の高くない仕事を押し付けるのは止めていただきたいと思います。

LGBTの主張は社会に不要な特権

それに、彼らの主張するイジメ問題、介護問題、貧困問題、DV問題などは、一般のカップルでも十分ありえることです。どうして彼らだけ特別視しなくてはいけないのでしょうか。

それは「人権」を名目に「特権」を求めているのではないでしょうか。

そもそも世界には自分が望んでもままならないものもあります。いえ、ままならないものの方が多いというのが普通なのです。

それをひとつひとつ行政を動かしてなんとかさせようというのは、我がままというものではないでしょうか。そしてどうしてＬＧＢＴの人たちだけ、そういう我がままを認めなくてはならないのでしょうか。

アメリカではオバマ政権時に、「公立学校では、心の性に応じて更衣室やトイレを使うようにすべきだ」との通達が出ていましたが、２０１７年2月にトランプ大統領によって撤回されています。彼らが「心の性」によって自分の好きなようにトイレや更衣室を使うのは自由ですが、同じトイレや更衣室を使う人の人権についての配慮はあるのでしょうか。そういう人たちの羞恥心は保護されなくていいのでしょうか。

もっともＬＧＢＴのうち、Ｔのトランスジェンダー（性同一性障害）は、一種の病気と見なされることもあります。病気ならまずはそれを治療することを考えるべきです。そのためには治療費を保険でどのくらいカバーできるのかを検討するなど、方策を講じるべきでしょう。

それにしても不思議なのは、バイセクシャルな人たちが「自分たちの権利を保護しろ」と訴えていることです。バイセクシャルなら相手は男女両方ＯＫというわけですから、そうではない人よりも恋愛対象が広いのです。そんな楽しい人生をおくる人をなお保護すべきというのなら、普通の人との格差がますます開いていくということになります。それでもなお、もっと自分たちの権利を優遇しろと言いたいのでしょうか。

たんなる同情で不法滞在を援護することの愚かさ

ＬＧＢＴに限らず、さまざまな背景を持つ人たちを同じ社会で受け入れようというのが共生社会で、民進党など左派政党が看板として掲げています。しかしその言葉自体がまやかしだと思います。

一例を挙げるとすると、不法滞在者を擁護することです。先に述べた外国人の受け入れ問題にも絡んでくる問題です。

不法な滞在者は国外に強制追放となりますが、これは彼らが法を侵しているのだから、国外に追い出されても仕方ありません。

ところが彼らを応援する人たちもいるのです。たとえば昨年12月、東京高裁は日本に不法滞在していたタイ人の母親から生まれた高校生が国に対して求めていた強制退去処分の取り消しに対して「適法だ」と判断しましたが、この高校生の日本滞在をサポートするという人たちが現れたのです。

不法入国の母親から生まれたその高校生は、小学校にも通わせてもらえずに日本語もタイ語も不自由でした。それが支援団体のサポートを得て公立中学校に通い、高校に進学したそうです。

日本で生まれ日本で育ち、母国であるタイには一度も行ったことがない。だから日本にいたいという高校生の気持ちはわかります。ですが、このままひとり日本にいて、彼は幸せなのでしょうか。

もちろん当初は、気の毒に思うたくさんの人たちがサポートしようとするでしょう。ですがそれは裁判などで騒がれている時のみで、鎮静化すると離れていく人も多いのではないでしょうか。

支援したいという気持ちの根底にあるのが同情という感情であるなら、時間とともに薄まっていきます。そうした一時的なもので、ひとりの人間の人生を左右してもよいとは到底思えません。

むしろこの高校生は、すでに強制退去処分になった母親のいるタイへ送ってあげる方が幸せではないでしょうか。

「タイには行ったことがない、タイ語は話せない」というのが日本にいたいという理由になっていますが、その高校生は短期間で日本語を習得したということですので、頭がよく、適応性も高いのでしょう。タイに行ったとしても、十分になじんでいけるのではないでしょうか。

また別のケースですが、不法滞在で強制退去とされたフィリピン人の母親に取り残された女子高生の例もありました。彼女の場合、日本に滞在資格のある叔母と一緒に住むため、日本に残ることができたのです。

これについても、「母娘が離れ離れになるのは可哀想だ」という「応援団」が結成されたのです。

確かに親子が離れ離れになるのは気の毒ですが、それなら彼女は、母親に付いてフィリピンに帰国すべきでした。

ただ「可哀想だから」という一時的な感情でもってサポートするのは安易です。それで問題は解決するのでしょうか。子どもたちの人生は開けるのでしょうか。安っぽいヒューマニズムでもって他人の人生に大きな影響を与えるようなおごり高ぶりは、慎んだ方がいいと思います。

反日国連総長は、母国の国民に見捨てられた

みなさんは国際連合というと、何を連想しますか。さまざまな国際的な紛争を解決し、平和で安定的な世界を構築するという理念を掲げた、良心的で万能な国際機関というイメージでしょうか。

しかしそれは事実ではありません。国連こそが日本の立場を貶め、ウソやまやかしを作る現場となり果てているのです。

その象徴だったのが、前事務総長の藩基文《パンギムン》氏です。韓国出身の藩氏は、2006年と2011年の選挙で選ばれ、2007年から10年間、国連事務総長に就任しました。なんと日本も藩氏に投票していたのです。

ところが藩氏は「史上最悪の国連事務総長」という不名誉な別名を持っています。国連で

韓国人の職員を優先的に採用したり、自分の娘婿を国連イラク支援ミッションの要職に付けるなど、国連事務総長としての国を超えた活動よりも、自分の都合重視の姿勢が目立ったからです。

とりわけ日本にとって、「極めて史上最悪の国連事務総長」だったといえるでしょう。たとえば歴代の国連事務総長が主催してきた公式のコンサートで、竹島が韓国領土だと主張するビラを配布するなど、前代未聞の行為まで行ったのです。こうした催しものについては、国連事務総長は中立でなければなりません。

これらすべては、藩氏が国連事務総長の職を辞した後、いずれ韓国大統領になるための準備だったのです。藩氏の頭の大半を占めるのは韓国あるいは自分の利益のみ。国連事務総長としての責務なんて、まったく飛んでいってしまっていたのでしょう。いまの流行《はや》りでいうならば、「韓国ファースト」あるいは「自分（藩ファミリー）ファースト」ということでしょうか。

しかしその行動があまりに姑息《こそく》すぎて、韓国の国民もついに藩氏を見放しました。その華麗な経歴の割に、一向に支持が上がらず、藩氏が２０１７年2月1日に大統領選出馬断念を表明。これはごく当然の成り行きだと思います。

もっとも日本の国益を害しているのは、国連事務総長だった藩氏だけではありません。実は国連のあちこちに、日本を貶めようとする勢力の罠《わな》がしかけられているのです。それをまざまざと痛感したのは、ジュネーブで開かれた第63回女子差別撤廃委員会に参加した時でした。

反日団体がはびこる国連の実態

女性は男性に比べて選挙権を取得した時期も遅く、世界的に劣勢であるケースが多いのです。よって1979年に国連で女子差別撤廃条約が採択され、日本も1985年に批准しました。これによって国籍法が父系優先血統主義から父母両系血統主義に変えられ、民進党の蓮舫氏に日本国籍が付与されたことは前に述べました。

女子差別撤廃条約が成立することで、女子差別撤廃委員会が開かれ、各国の「女子差別の現状」が報告されるようになりました。私が驚いたのは、これほどまでに日本がひどく報告されているという事実でした。

たとえば日本政府は同委員会から、こんな勧告を受けています。

「男女ともに婚姻年齢を18歳以上にすること、女性のみに課せられている6か月の再婚禁止期間を廃止すること、及び選択的夫婦別姓を採用するように民法を改正すること」

しかし実際にこうした改革を日本の女性が望んでいるのでしょうか。現行の民法ではどうしようもなく不便が生じるのでしょうか。

また委員会ではとんでもない発言を聞くことがありました。「日本には琉球民族、アイヌ民族、在日、部落という4つのマイノリティ差別がある。特に女性には大変な差別がなされている。日本には最近、ヘイトスピーチというのがあって、その人たちはひどい攻撃をされている」というのです。

これは日本に住む日本人からすれば、大変な違和感があります。とりわけ女性として、利用されているのではないかという疑問と不快感がぬぐえません。

そんな彼らが国連の機関を利用して、世界に告げ口してまわっているのが慰安婦問題なのです。

反日日本人が慰安婦問題の火種を付けた

慰安婦問題が国連女子差別撤廃委員会に初めて持ち込まれたのは、1994年の第13回委員会でした。持ち込んだのは韓国ではなく、日本のNPOだったのです。

「性奴隷」という言葉を国連に最初に持ち込んだのは、「人権弁護士」の戸塚悦郎《とつかえつろう》氏です。1992年の人権委員会の差別防止少数者保護委員会現代奴隷制作業部会で「慰安婦は性奴隷だ」と発言したことで、一気に広まりました。

すなわち彼らはずっと以前から、日本の名誉を貶めるべく、さまざまな活動を展開していたのです。これこそ、日本と日本人へのヘイトスピーチではないでしょうか。

これに対し、日本政府はちゃんと発言してこなかった。間違いを訂正してこなかったために、いま私たちが頑張らなければならない。しかし長年怠ってきたツケは非常に大きく、私たちは何度も壁にぶつかりました。

というのも、まず私たちは委員に直接接触できないのです。もっとも委員会での審議の公平さを担保するというのなら、ある程度の制約はやむをえないものとして、甘受しなければ

国連の反日圧力団体

なりません。

しかしかねてから国連で活動しているNPOは、委員と積極的に接触して情報交換していました。委員会の開催の前に一緒に会食するなど、必要以上に密接な関係であることがわかったのです。すなわち彼らには、委員を洗脳できるチャンスが多く与えられているというわけです。

これは不平等です。私たちは日本人である女子差別撤廃委員会の林陽子委員長にすら、公の場で資料の小冊子を渡そうとしても受け取ってもらえなかったのに、彼らは堂々と副委員長をはじめとして、多くの委員と接触できるのです。

ちなみに女子差別撤廃委員会の副委員長

を務めるのは、中華全国婦女子連合会・国際部長の鄒暁《スウギョウ》巧《コウ》氏です。

彼女こそ、こともあろうに日本に対して皇位継承権が男子皇族だけに認められるのは女子への差別との最終見解を入れた張本人。お飾りの林委員長よりも力があり、女子差別撤廃委員会を実質上牛耳る実力者です。

もうおわかりですよね。彼らは国連の場を利用して、日本の歴史のみならず、天皇陛下の在り方自体を変えようとしているわけです。

さすがにこれにはいつもなら日本の不名誉に対して対応が遅い外務省も驚愕《きょうがく》して、さっそく削除を要求しました。恐ろしいのは日本の反日NPOが外国をたきつけ、国際的に流布させるとか、国際的に権威のある文書に日本を貶める部分を入れさせるなど、日常茶飯事に行われていることです。

分担負けしている日本

日本は国連に2億3700万ドルもの分担金を支払っています。全体の約10％を占め、アメリカに次いで2位ですが、実際にはアメリカは滞納していますので、日本が国連を支えて

国連分担金の多い国			
順位	国名	分担率(%)	分担金額(米ドル)(百万未満四捨五入)
1	アメリカ合衆国(米国)	22.000	5億9400万
2	日本	9.680	2億3700万
3	中華人民共和国(中国)	7.921	1億9390万
4	ドイツ	6.389	1億5640万
5	フランス	4.859	1億1900万
6	イギリス	4.463	1億930万
7	ブラジル	3.823	9360万
8	イタリア	3.748	9180万
9	ロシア	3.088	7560万
10	カナダ	2.921	7150万

国連分担金

いるといっていいでしょう。

一方で日本をGDPで抜いた中国の負担金は1億9390万ドルで、日本よりも4000万ドル以上も少ないのです。

それでも中国は、国連安保理事会の常任理事国として、強大な権限を持っています。

フランスもイギリスもロシアも国連安保理常任理事国ですが、こうした国も国連分担金はそれぞれ1億1900万ドル、1億930万ドル、7560万ドルで、日本の半分以下ないしは3分の1程度です。

これだけ国連に貢献しているのなら、日本の発言力がもっと大きくなり、日本の素晴らしさがもっと世界にアピールできるはずだと思いますが、そうでないのが国連という舞台なのです。

負担が大きいにも関わらず、日本の思いが届いていません。それどころか、「人権尊重」という美名の下で、日本を貶める企みが横行している。このような国連の現状でいいはずがありません。こうした勢力を追い出し、国連を正常化することにも、日本は積極的にコミットしていくべきです。

外務省改革が必要だ

日本が国際的に自立した外交を展開するようになるには、もうひとつ障害物を除去しなければなりません。それは外務省です。

世界にばらまかれるように建設されている慰安婦像。2015年12月に日本が韓国に10億円支払って「最終的かつ不可逆的解決の合意」をしているはずなのに、なぜか依然として野放しの様子です。

そもそも日本政府および外務省は、慰安婦問題について「強制連行の事実は確認されていない」と、強く主張をしてきませんでした。その代わりに「哀悼の意を表明した」「アジア女性基金を設立し、償い金を渡してきた」と述べていたのです。

それが解決にならず、かえって慰安婦問題を騒ぎ立てる中韓の勢力を増大させてしまったのは周知の通りです。

そもそもさまざまな場面で、外務省は「失点」を重ねています。まずは１９９６年にクマラスワミ報告が国連人権委員会に提出された時です。

この時に外務省は強く否定すればよかったのですが、当初は「歴史的歪曲だ」とする反論書を出そうとしたものの、なぜか途中で撤回しています。２０１０年にアメリカ・ニュージャージー州のパリセイズ・パーク市で慰安婦の碑が建立された時も、在米大使館の対応は後手後手でした。

慰安婦問題ばかりではありません。竹島問題にしても、韓国は世界中で「独島は韓国の領土」とアピールしています。またヨーロッパ諸国の教科書やフランスの地図には日本海ではなく「東海」と記載させるなど、全世界的にプロパガンダを行っています。

ところがそのひとつひとつに、外務省はなかなか反応しませんでした。

なぜか予防外交という発想が外務省にはないようで、実際に被害が出ないと動いてくれません。

2016年2月にジュネーブで開かれた女子差別撤廃委員会に参加した時もそうでした。外務省は当初、慰安婦を「軍事的性奴隷」としたクマラスワミ報告は事実に基づかないこと、韓国などが主張する「慰安婦は20万人」という数字は嘘であることなど、きちんとした報告書を作成していました。その分量はA4用紙で10枚以上にものぼっています。

ところが実際に提出された報告書の内容は、これをかなり簡略したものだったのです。

外務省にすればその前年12月の「日韓合意」があるので、先に日本が約束を破ったとは思われたくなかったのでしょう。その代わり、文書化できなかったのは、杉山晋輔《しんすけ》審議官（当時）が口頭で答え、それを記録や動画で残すので同じことだと言われたのです。

その約束をしたのは、当時の外務省女子参画推進室長だった松川るい氏でした。松川氏は同推進室長の職を最後に外務省を退官し、翌年の参院選で自民党の推薦候補として大阪選挙区で出馬し、当選を果たしています。

しかしその約束は果たされませんでした。当初の掲載は和文のみで、英語版はなかったのです。

和文のみなんてまるで私たちに対するアリバイのようなもので、国際的な発信にはなりません。

あとで英文も掲載になりましたが、外務省のやることは全く理解できません。外務省は英文化するのに時間がかかるはずがないのです。そもそも外交の専門家ばかりなのですから。

「防衛予算は殺人予算」といってはばからない人道主義の真相

昨年6月26日に放送されたNHKの「日曜討論」で、共産党の藤野保史政策委員長（当時）が防衛費を「人殺しの予算」と呼び、問題となりました。当初、藤野氏は自分の言葉が間違っているとは実感できず、公明党の石田祝稔政調会長やおおさか維新の会の下地《しもじ》幹郎《みきお》政調会長らに訂正をアドバイスされても受け入れなかったのです。

これは藤野氏ら共産党の関係者が普段から、自衛隊をそのような存在だと思っている証左ではないでしょうか。だとしたら、命を張って日本の安全確保のために働き、東日本大震災などの災害では命を張って人命救助や復興作業に尽くしている自衛隊の人たちに非常に失礼な話です。

もちろん共産党本部には抗議が殺到しました。中には議員辞職を求める意見もあったそうです。慌てた共産党は藤野氏を政策委員長から更迭しました。

藤野氏辞任会見

もっともこれまでの共産党なら、「防衛予算は殺人予算で何が悪い」と開き直ったでしょう。それをしなかったのは、いまは民進党などに野党共闘を提唱しているためかもしれません。いくらなんでも共産党以外の政党では、「防衛予算は殺人予算」という表現はおおっぴらに言えるはずがありませんから。

そんな共産党の実態がまざまざと表沙汰になったのが、藤野氏の「防衛予算は人殺し予算」発言です。これを単なる個人的な「失言」問題として、見過ごしてはいけません。

実はそうした誤った考えを通そうとする共産主義の汚染は、学校教育に広く浸透しているのです。

得て勝手な偏向教育で子どもを傷つけ、分限免職された中学教師

たとえば2006年4月3日に、都内の公立中学校の女性教員が分限免職になったケースです。分限免職は懲戒免職の次に厳しい処分です。

なぜ彼女が中学校教師を辞めなければならなかったのか。それは教師の裁量の範囲を超えた内容を生徒に押し付けようとした結果なのです。

まずは1997年、授業で沖縄の普天間《ふてんま》基地問題を取り上げ、在日駐留米軍を批判しました。生徒の中には父親がアメリカ人である生徒もいたのですが、なんとその女性教師はその生徒に向かって「アメリカは悪」と罵《ののし》ったそうです。もちろん父親の祖国をひどく言われたその生徒は深く傷つきました。

当然のことですが、これに憤慨したその母親が授業の内容を批判しました。不当に子どもを傷つけられて黙っている親はいません。そうしたら女性教師は、なんと母親を中傷する文書を配布したのです。

父親の母国を悪と言われ、母親をこきおろされたその生徒はいたたまれなくなり、結局は

転校を余儀なくされたそうです。仲のよかった友達とも別れなければならなくなり、その心に大きな傷を残したに違いありません。

普段なら対米批判を是とするはずの日教組も、さすがにこの女性教師の行状については批判せざるをえなかったようです。しかし女性教師はそれにひるみもせず偏向授業を続け、彼女を批判する都議などを次々と裁判に訴え、攻撃していったのです。

このような人間がなぜ教職に就くことができたのか、理解できません。そして教師を続けることができたのでしょうか。一般企業なら、とっくの昔にクビにできたはずですが、公立学校の教員というのは極めて立場が強く、自分で辞職しない限りは、なかなかクビにすることはできない仕組みになっているのです。

要するに、教育を受ける子どもたちよりも教師の権利が強いということです。どう考えてもおかしいですよね。

それでも当初の事件からようやく9年たって分限免職になりましたが、それですべてが解決したことにはなりません。分限免職は教師の資格を喪失する懲戒免職と異なるため、私立の学校などに移って教鞭《きょうべん》をとることは可能になるからです。

ただしこのような教師を採用する学校があるという前提での話ですが、それでも被害者の生徒が発生する可能性は否めません。教育の正常化なくして、次世代を担う人材を育成できません。間違った人道主義が教育の場に入らないように、教育制度自体を見直し正常化すべきでしょう。

第六章

日本再生の鍵はこれだ

日本再生は可能だ

以上で見てきたように、日本はいろいろな面で侵食されつつあります。それだけではありません。

現在の日本は国内生産で中国に抜かれ、いまは世界3位ですが、少子高齢化社会ではさらにその地位は低下すると見られています。1人あたりのGDPではアジアですでにマカオ、シンガポール、香港に抜かれ、4位に甘んじています。

では日本は衰退していくだけなのでしょうか。座して死を待つだけなのでしょうか。私はそうは思いません。

というのも、日本には他の国と比べて、長い歴史があります。我々の先祖が築き上げてきた素晴らしい文化があります。そして国民的美徳というべき高い精神性と勤勉さがあるのです。

そうした美徳でもって我々日本人は、明治維新と敗戦という2つの困難期を克服し、世界に名だたる経済大国に成長してきました。とりわけ焼土と化した国土からの復活は、いわば奇跡を実現したといっていいでしょう。

ですから、私は決して日本の将来を悲観していません。日本は必ずや復活して、これまで以上に素晴らしい国になる、そう信じているのです。

ですが、それはただ漠然となるわけではありません。いくつかの克服すべき課題があるのです。本章ではその課題について私の意見を述べたいと思います。

たとえば高齢化社会ですが、老人を「働けない」と位置づければ社会の荷物として1人あたりのGDPの成長の足を引っ張ります。しかし日本の老人は65歳になるとみな、「働けない」のでしょうか。

現在の日本は世界に誇る長寿国です。

平均寿命は男性で80・79歳、女性で87・05歳にも伸びています。65歳で社会から引退するとなると、男性で16年、女性で22年も「働けない」時間ができるということになってしまう。実際には心身ともに健康で、気持ちは現役時代と全く変わらないとしても、です。

ここで「健康寿命」という言葉に注目してみてください。健康上の問題がなくて日常生活をおくれる期間という意味です。健康寿命は日本の男性では71歳くらい、女性で74歳くらいだといわれています。すなわちこの年齢までは社会的に責任を持った活動は可能だということなのです。

そこでそのくらいの年齢まで、社会で働くとしたらどうでしょうか。もちろん20代や30代のような体力はありません。しかし年配者には経験という「宝」があります。長年の社会生活で得た豊富な人脈も、有利な点といえるでしょう。

現在では健康寿命と平均寿命との差を縮める施策が叫ばれています。働きたくない人には強制するつもりはありませんが、

新しい発想に転換すべき時なのです。

ではそれは可能なのか。日本はそれを克服した経験があるのです。

それは72年前の戦争です。敗戦した日本は焦土となった国土から奇跡の復興を遂げました。

中国でさえ認める天皇陛下という大きな存在

そんな日本の支えとなってくださったのが、昭和天皇でした。昭和天皇は全国を行幸され、敗戦に為す術を見いだせなかった国民を励ましてくださいました。多くの国民がこれに励まされたのはいうまでもありません。

今上《きんじょう》陛下も日本国の象徴として、そして皇后陛下とともに常に日本のため、日本人のために祈っておられます。天皇陛下がおられる限り、日本は安泰だと思うのです。

そもそもエンペラーと呼ばれる存在は他にはいません。国際プロトコールに従えば、天皇陛下の席次はローマ教皇と同じで、英国のエリザベス女王よりも上だそうです。こんな国は日本以外にあるでしょうか。中国や韓国がいくら頑張ったとしても、たとえ大きな国力を持ち、軍事力を増強しても、天皇陛下がいらっしゃる日本に叶わないのです。

もちろんこれは、中国も韓国も認めざるをえないところで、天皇陛下をお招きしたくてしかたありません。また政治家が訪日した時に、天皇陛下に謁見《えっけん》したくてしかたないのです。

その例が2009年に小沢一郎《おざわいちろう》民主党幹事長（当時）が「1か月ルール」を無視して、中国主席就任前の習近平《しゅうきんぺい》氏（当時国家副主席）の謁見をごり押しした件です。この時、宮内庁はいったん天皇陛下のご健康を理由として断りましたが、同時期に行われた約500名にも及ぶ小沢氏の大訪中団の厚遇ぶりと「交換条件」のように実現されました。

ではなぜ習近平氏側がこのようなごり押しを要求してきたのか。それは次期首席を狙う習氏にとって、「権威付け」が必要だったからといわれています。実際に今上陛下にお目にかかったということで、習氏の地位はいっそう強固になり、2012年には国家主席に就任しました。

そのような天皇陛下の存在が、日本および日本人の統合の根拠となっていることは実に素晴らしいことで、日本人としておおいに誇ってよいと思います。中には「日本は一民族国家ではない」と、まるで日本人がバラバラのように主張する人がいますが、これは現行憲法第1条で「天皇は、日本国の象徴であり、日本国民統合の象徴」としっかりと銘記されていることに反します。

日本国民が統合されていないと主張する人は、現行憲法を否定するのでしょうか。是非とも意見を聞いてみたいものです。

靖国《やすくに》の心を忘れてはいけない

天皇陛下の存在の次に日本人として忘れてはいけないのは、「靖国の心」でしょう。東京九段の靖国神社には、戊辰《ぼしん》戦争以降の戦争で亡くなった英霊が祀られています。

私が靖国神社にお参りにいく時、命をささげた英霊たちが日本の将来に何を求めたのかに思いを馳せます。きっと日本ばかりではなく世界の発展を願い、人類の繁栄を望んだに違い

和服姿で靖国参拝

ありません。そしてその思いは戦後の日本の起爆力となり、日本は世界の大国として発展を遂げることになりました。

しかし終戦から72年を経た今、その思いは受け継がれているのでしょうか。

２０１７年2月に安倍晋三首相はトランプ大統領との会談のために渡米した時、アーリントン墓地で戦没者を慰霊しました。一国の代表として友好国の戦没者を哀悼するのは、平和推進の姿勢を示すという意味でも重要だと思います。

しかし奇妙なことに、日本に外国の首脳が来る時、靖国神社へ参拝する人はほとんどいないのです。これは非常におかしなことだと思います。というのも国際外交のプ

靖国奉納

ロトコールとして国家は相互主義になりますから、首脳が互いの国を訪問した場合のセレモニーはほぼ同じになるはずです。

とりわけおかしいのは靖国神社を批判する韓国と中国です。そしてそれに屈する日本政府もおかしいのではないでしょうか。

韓国ソウル市には「国立ソウル顕《ヒョン》忠《チュン》院《ウォン》」という国立墓地があります。ここは故・朴《パク》正《チョン》煕《ヒ》元大統領など歴代大統領の他、日韓併合時代からの独立運動家などが祀られる場所で、日本では戊辰戦争以降、国のために戦争で命を落とした人たちの魂をお祀りしている靖国神社がこれに相当する場所といえるでしょう。そしてその国立ソウル顕忠院に、安倍晋三首相が２００６年、野田佳彦首相が2011年に参拝しています。

しかし国立ソウル顕忠院には、1959年に起こった新潟日赤センター爆破未遂事件の犯人も祀られています。この事件は日本も巻き込んだテロ事件で、国立ソウル顕忠院にはテロリストも合祀されていることになります。

韓国はこうしたテロリストを「英雄」として祀り、日本の首相に参拝させるのに、一方では靖国神社を否定する。これは矛盾ではないでしょうか。

そもそも「靖国神社ではA級戦犯のみが祀られている」と、韓国では教えているそうですが、これは間違いです。靖国神社をプロパガンダに利用して、日本を屈服させようとしているにすぎません。

ちなみに東京裁判は「事後法」として、近代刑法の観点からその判決の効力について疑念があるところです。韓国が近代国家なら、こうしたことは熟知しているはずですよね。

しかしたとえ戦犯であったとしても、亡くなった人の魂をお祀りすることは批判されるべきものなのでしょうか。日本では「亡くなったらみな、仏様になる」という思想があります。

日本の政治家はそうした歴史・伝統に基づいて戦没者を弔い、平和を祈念しなければいけきません。靖国神社に参拝する国会議員はみな、そういう思いを抱いています。それを批判するのは、平和への祈念を否定することになってしまうのではないでしょうか。

靖国神社に祀られている魂を否定することは、自分たちの命を生みだしてくれた祖先へつばするのと同じです。祖国のために戦い、殉死した人の想いを忘れないこと、それは国民の義務ではないでしょうか。

父性の喪失が問題の根源だ

靖国の心と同じく日本人にとって最も必要でかつ最も重要なことは、親と子の情愛を基本とした家族の構築だと思います。両親が互いに尊重しあい、子どもたちをいつくしむ。子どもたちも両親を尊敬し、苦しい時には互いに励ましあって乗り越え、嬉しい時には喜びを分かち合う。そして絆を深めていく。かつての日本はそうした家族が基礎となって、国家を構築してきました。

ところが最近、社会がおかしくなっています。「家族崩壊」の事件が目につくのです。

幼い子どもが車の中に放置され、親がパチンコに興じている間に車内の温度が上昇して熱中症で死亡した事件や、年老いた親が死亡したにもかかわらず、子どもがその年金を受給し続けるために死亡届を出さずに放置していた事件などです。

さらに児童虐待数も増加する一方です。

厚生労働省が2016年8月に発表したデータによれば、全国208か所の児童相談所が受けた児童虐待の相談対応件数は、10万3260件（速報値）で、過去最多になっています。

その内容は、心理的虐待が4万8693件と最多で、前年から9918件も増加していま す。さらに警察からの通告が3万8522件と、これも前年から9350件も増加しているのです。

虐待するのは母親がトップで、次に父親という順番です。

被害を受けるのは総数では小学生の割合がもっとも多いのですが、年齢的にいえば、0歳から3歳未満の乳幼児が最多という結果も読みとれます。

すなわち、反抗もできない子どもたちがもっとも被害を受けている、それが実態なのです。

なぜこんな状態になってしまったのでしょうか。親は子どもを育み、子どもは親を尊敬して大事にする。日本がずっと大切にしてきた価値観が失われつつあるようで、非常に悲しく思います。

いずれの例も親子関係の断絶問題として語られ、その原因は「母性の喪失」と見なされていますが、私はむしろ「父性の喪失」が根本の原因ではないかと思っています。というのも具体的な事例で、父親の権威が見えてこないことが多いからです。

たとえば2010年に大阪で起こったネグレクト致死事件です。23歳のシングルマザーが3歳と1歳の子どもを自宅マンションに放置し、餓死させたものです。電気が止められエアコンが動かない灼熱の中で、ゴミにまみれて抱き合って死んでいた2人の幼い子どもたちは、涙を誘いました。

逮捕された母親は、本人も幼少時代に父親から非常に厳しく扱われ、ネグレクトされていたという報道がありました。

人間は幼少時代にどういう育てられ方をしたのかが、生涯の人間関係に影響します。ですので、子ども時代にネグレクトや暴力を親から受けた子どもは、大きくなって親になると、同じことを自分の子どもにもしてしまう傾向があるという統計があるのです。

それればかりではありません。

加害者の元夫も、どうして子どもを引き取らなかったのでしょうか。若くて経済力のない母親に2人を任せて大丈夫だと思ったのでしょうか。父親として子どもたちの成長に関心がなかったのでしょうか。
私はこの事件に、典型的な「父性の喪失」を見た思いがしました

どうして父性を喪失するのか

ではなぜ男性は父性を喪失しているのか。それは家庭の在り方の変化が問題だと私は考えています。

私が子どもの頃、父親はある意味でとても怖い存在でした。「そんなことをすると、お父さんに叱られますよ」と母親から言われれば、身がすくんですぐにやめたものです。それほど父親に威厳があり、存在感がありました。

ところが最近では、「お父さんに叱られる」というのが全然怖くないそうです。もっとも父親が仕事で多忙なため、なかなか子どもと接することができないという面もあるからでしょう。しかし忙しさだけではありません。根本的に父親の威厳がなくなってきているのです。だから子どもの行為にストップがかからず、大人になっても善悪の区別もつきにくくなっているのです。

これは怖い父親から子どもを開放したように見えますが、実際には子どものためにはなりません。「自由で平等だ」といえば聞こえはいいですが、実際には秩序の崩壊にすぎないからです。

父親がえらくもなく怖くもなければ、家庭の中で存在感を示すことはできません。そして野放しにされた子どもたちは、どこに行くのでしょうか。

女性活躍を持ちあげることが父性の喪失を促しているという事実

では、何が父性を喪失させたのか。それは「フェミズム」や「女性活躍」などと女性を不用意に持ち上げたことだと私は考えます。もちろん女性が社会で活躍することは素晴らしいことです。私自身、仕事を持っているので、女性が社会で活躍する重要さは、つねづね認識しているつもりです。

そもそも昔の日本は夫が外で働き、お金を稼いで妻にわたし、家計のやりくりをしていました。ところが女性が社会に進出して経済力を持つと、そうした役割分担が崩れ、男性の役割が小さくなっている部分があるのです。

そういうところから、家庭における男女平等というか、男性にも家事を負担させることが発生しています。「イクメン」などという流行語を作り、育児も男性に分担させようとしています。

しかし家庭の役割における男女平等なんてありえません。男性は男性の役割があり、女性は女性の役割があります。

LGBTのところでも触れましたが、男性に子どもは産めません。母乳を与えることもできません。それは自然の摂理であり、人間がどうあがいても不可能なことなのです。

そもそも日本には、「男子、厨房《ちゅうぼう》に入らず」という言葉があります。女性が専有する場所に男性が入ってはいけないという戒めです。反対に、女性も男性の専有領域を侵すべきではありません。そうしたところに女性が進出して持ち上げられても、それは「人寄せパンダ」として利用されている場合が多いのです。「家庭崩壊」、「日本崩壊」に繋がる「女性活躍」に騙されてはいけません。

「父性の喪失」が共産主義の台頭を許す

さて、最近は共産党が選挙で議席数を伸ばしています。その理由のひとつに、「雇用止め」や「ブラック企業問題」などをとりあげ、若者にアピールしやすいように若くて見栄えのよい候補を擁立し、これまでの暗くてじっとりとした共産党のイメージを払しょくしようとしたことが挙げられるでしょう。

たとえば2013年の参院選で共産党が東京都選挙区に擁立した吉良佳子《きらよしこ》氏や、大阪府選挙区に擁立した辰巳孝太郎《たつみこうたろう》氏などです。アイドル化した彼らがブラック企業撲滅や若者の貧困の責任は政府にあると主張すると、大学を卒業したものの、正規の雇用にありつけなかった若者たちが大いに共感したのです。こうした票をすくいあげ、2人は当選を果たしたのです。

また2014年の衆院選でも、共産党は「ブラック企業撲滅」や「格差社会問題」を掲げ、若い層にアピールしました。東京12区で池内沙織《いけうちさおり》氏を当選させたのも、その成果といえるでしょう。

ちなみに池内氏は2012年の衆院選でも同区に出馬して落選していますが、この時からさほど票は伸びていません。すなわち個人的には支持されていなくても、比例区には票が入ったのです。これは共産党としての支持が高まった証拠ともいえるでしょう。

しかしこうした手段こそ、まさしく「父性を喪失させること」に繋がるのではないでしょうか。

というのも、彼らは常に「弱者の味方」を装ってきました。共産党の地方議員は、「何か困ったことがあったらいってくれ」と地元を運動してまわります。その結果、「共産党に頼んだら安い公営住宅に入れた」や「共産党に頼んだから生活保護がもらえた」という例が出てくるのです。共産党は弱者の味方ではない。労働組合は正社員の権利を守る。彼らが有給休暇でデモなどに参加している時働いてるのは派遣や若者である。

しかしそれが魔の手なのです。

すなわち、「困っている人につけこんで信用させる」というのが彼らの常とう手段というわけです。その結果、「共産党に助けてもらった」「共産党は頼りになる」「共産党は味方だ」と洗脳され、やがてはその支持者になっていく。その一方で生活保護を給付される日に共産党の党費や赤旗の購読費がとりたてられるという現実があります。これがはたして「困っている人を助けている」といえるのでしょうか。

共産党は弱者の味方ではないのです。労働組合が守るのは正社員の権利です。彼らが有給休暇をとってデモに参加している時、働いているのは派遣社員や若者です。

非常に怖い例もあります。西宮市の中核派の保母さんの例です。

彼女は「維新の橋下代表を殺せ！」などという物騒なビラをまくなど、とても過激な活動をしました。それでもその保母さんは、子どもたちや父兄に好かれているというのですから驚きです。これはそれほど巧妙に、過激派などによる洗脳が進んでいるという実例ではないでしょうか。

もっと父親に責任を！

こうした問題を解決し、また事件を未然に防止する、そして個人が自立して自由にその能力を発揮できる社会をつくるには、私は「父性の復権」こそが必要だと考えています。

父性とは、厳しい存在であり、畏怖の対象です。

ただし父性はそれだけではいけません。優しさの象徴である母性とともにあってこそ、バランスをとることができるのです。

たとえば日本の家庭の典型といわれるサザエさん一家で考えてみましょう。カツオ君やワカメちゃんにとって父親の波平さんは、いたずらをすれば大きな雷を落とされて叱られる怖い存在です。

一方で母親のフネさんはいつも穏やかで、大きな声で子どもたちを叱ることはありません。しかしいつも細かく見守っており、子どもたちが何かをすると、静かに注意します。

すなわち、子どもにとっては悪いことを知るためにそれをたしなめる怖い存在が必要ですが、そればかりでは足りないのです。人間は悪いことをすると反省の気持ちが出てきますが、それを厳しく指摘されるだけでは本当の反省にはならないからです。じっくりと反省し、二度と同じ過ちをしないという決意をするまで、静かな時が必要です。その役割を担うのが母性といえるでしょう。

ところが最近では、この父性も母性もなくなってきました。

というのは、「子どもの自立」や「子どもの尊厳」という美辞麗句の下で、父性の重要性が全く理解されず、ないがしろにされているのです。

子どもの問題が増えていますが、私は父性が復権すれば、教育に関するかなりの問題は自然と解決するのではないかと思っています。

日本が復活するための鍵は、「父性の復権」に他ならないと思います。私は「父性の復権」を願ってやみません。

終章

現在の関心事・フランスの国民戦線

マリーヌ・ル・ペンの国民戦線に注目する

国会議員を辞めてからも、私は政治活動を続けています。この4月には大統領選が行われるフランスに行って、国民戦線党首のマリーヌ・ル・ペン氏を取材するつもりです。ル・ペン氏が率いる国民戦線は1972年に、ジャン・マリー・ル・ペン氏が創設しました。国民戦線は当初は極右政党として知られていましたが、2005年の移民による暴動以来、支持率をじわじわと上げていき、2014年5月25日の欧州議会選挙（フランス）では25％の得票率を得て24議席獲得し、第1党を占めるに至りました。ル・ペン氏は2012年の大統領選にも出馬し、総得票の約18％を獲得。今回の大統領選ではさらなる飛躍が期待されています。

これは昨年11月のアメリカ大統領選とともに、保守系が多数の支持を得ることが世界の潮流になっているのではないかと思います。

ではなぜいま保守なのか。理由のひとつは難民の増加です。確かに故郷を離れなくてはならない境遇は気の毒ですが、その同情は続きません。加えて文化の違いというのは、そう簡単に克服できません。難民排斥運動が起こったとしても、ある意味では元の住民たちの権利の表明なのです。

それよりも大きな理由は経済的事情でしょう。フランスの経済状態は思わしくありません。リーマンショック以来、失業率は高止まりし、ＧＤＰもさほど増えていないのです。

当然ながら、政府に対する国民の不満は大きく、当初は希望を託したオランド首相の社会党に愛想を尽かしました。そしてそうした不満の受け皿になっているのが、ル・ペン氏が率いる国民戦線なのです。

新しい受け皿としての保守政党

トランプ政権にしてもフランスの国民戦線にしても、イデオロギーではなく経済的に社会的不満層の受け皿になっている点でこれまでの右派とはいえません。すなわち世界の右派の流れは大きく変わったのです。

私はこれに注目しています。日本も同じ傾向にあるからです。

日本の政治を見てみると、安倍内閣と自民党の支持率は高止まりしていますが、民進党の

これからも訴えていきたい

支持率はいっこうに上がっていません。もちろん民主党政権時の酷い記憶がいまだ残り、民進党となっても政党として魅力がないこともありますが、民進党の主張が人々に共感されなくなっているのです。
そうした流れの先駆として私は、フランスが変容する様子を見たいと思います。国民戦線がどのくらい国民の支持を得て、これから政権をとりうるのか。保守政党がどのようにすれば自由主義で知られる国民の心を掴めるのか。マリーヌ・ル・ペン党首は１９６８年生れで、私と同世代。共通する点はきっと少なくないでしょう。
世界が大きく変わろうとしているこの時、まっとうな政治家として歴史に対して責任を果たしたいと思います。

なぜ私は左翼と戦うのか

平成29年4月17日　初版発行

著　者　杉田水脈
発　行　蟹江幹彦
発行所　株式会社　青林堂
〒150-0002 東京都渋谷区渋谷 3-7-6
電話 03-5468-7769
装　幀　奥村靫正（TSTJ Inc.）
印刷所　中央精版印刷株式会社

Printed in Japan

ISBN 978-4-7926-0586-5